Martin Hengels „Zeloten“

Martin Hengels „Zeloten“

Ihre Bedeutung im Licht von fünfzig Jahren Forschungsgeschichte

Mit einem Geleitwort von
Roland Deines

herausgegeben von
Hermann Lichtenberger

Mohr Siebeck

Hermann Lichtenberger, geboren 1943; Promotion Marburg 1975; Habilitation Tübingen 1986; 1986–1988 Professor für Biblische Theologie in Bayreuth; 1988–1993 Professor für Judaistik und Neues Testament in Münster; 1993–2010 Professor für Neues Testament und antikes Judentum und Leiter des Instituts für antikes Judentum und hellenistische Religionsgeschichte in Tübingen.

ISBN 978-3-16-152514-8

Die Deutsche Nationalbibliothek verzeichnet diese Publikation in der Deutschen Nationalbibliographie; detaillierte bibliographische Daten sind im Internet über *http://dnb.dnb.de* abrufbar.

Das Buch wurde von Martin Fischer in Tübingen aus der Garamond Antiqua gesetzt, von Gulde Druck in Tübingen auf alterungsbeständiges Werkdruckpapier gedruckt und gebunden.

Für
Frau Marianne Hengel

Inhaltsverzeichnis

Vorwort

Aus Anlass des 85. Geburtstags von Martin Hengel (geboren am 14. Dezember 1926, gestorben am 2. Juli 2009) und des 50. Jahrestags des Erscheinens seines epochalen Werks „Die Zeloten"[1] veranstaltete das Institut für antikes Judentum und hellenistische Religionsgeschichte der Evangelisch-Theologischen Fakultät der Eberhard Karls Universität am 14. Dezember 2011 ein Symposion, das Hengels Erstlingswerk und seiner Bedeutung für die Judaistik, das Neue Testament und die Alte Geschichte gewidmet war. Wie die Beiträge des Symposions zeigen, reicht die Wirkung des Buches und der Fragestellung bis hinein in gegenwärtige theologisch-religionsgeschichtliche und politische Diskurse. Umso mehr ist zu begrüßen, dass der Verlag Mohr Siebeck eben zu diesem Zeitpunkt das Werk neu herausgegeben hat mit einem Vorwort der Bearbeiter Roland Deines und Claus-Jürgen Thornton und einem forschungsgeschichtlichen Essay von Deines „Gab es eine

---

[1] M. HENGEL, Die Zeloten. Untersuchungen zur jüdischen Freiheitsbewegung in der Zeit von Herodes I. bis 70 n. Chr., AGSU 1, Leiden/Köln 1961; 2. verbesserte und erweiterte Auflage, AGJU 1, Leiden/Köln 1976.

jüdische Freiheitsbewegung? Martin Hengels ‚Zeloten' nach 50 Jahren".[2]

In seinem Geleitwort gibt Roland Deines Einblick in die einzigartige Rolle, die Hengels „Zeloten" forschungsgeschichtlich gespielt haben und welche Bedeutung sie für den heutigen religiös-politischen Diskurs haben können. Die anhaltende Brisanz des Themas wird beim ersten Beitrag des Bandes deutlich. Joachim Schaper stellt den Zusammenhang zwischen Gottes Eifer und dem Eifern seiner Vorkämpfer in den Zusammenhang der Debatte über Monotheismus und Gewalt. Anna Maria Schwemer widmet sich den biblischen und frühjüdischen Protagonisten des Eiferns: Elija und Pinhas. Sie findet im Liber antiquitatum biblicarum bisher nicht wahrgenommene Bilder der beiden Eiferer. Christian Grappe zeigt Beziehungen und Unterschiede des historischen Jesus und des Jesus der Evangelien im Verhältnis zu den Zeloten auf. Niclas Förster erschließt eine neue patristische Quelle zur radikalen Ablehnung römischer Steuern und Münzen. Den Abschluss bildet der Hauptvortrag von Danny R. Schwartz, in dem Entwicklungen in Hengels Wahrnehmung von Juden und Judentum an seinem wissenschaftlichen Lebenswerk aufgezeigt werden.

Für großzügige Förderung danken wir der Evangelischen Landeskirche in Württemberg, der Philipp-Melanchthon-Stiftung, der Vereinigung der Freunde der Universität

[2] M. Hengel, Die Zeloten. Untersuchungen zur jüdischen Freiheitsbewegung in der Zeit von Herodes I. bis 70 n. Chr., 3., durchgesehene und ergänzte Auflage hg. v. R. Deines und C.-J. Thornton, WUNT 283, Tübingen 2011.

Tübingen, dem Verlag Mohr Siebeck und Frau Marianne Hengel.

Großer Dank gilt Monika Merkle und Marietta Hämmerle, die bei der Vorbereitung und Durchführung des Symposions und der Drucklegung des Bandes des Tages Hitze getragen haben. Im Verlag haben Dr. h.c. Georg Siebeck, der bei der Buchpräsentation das Wort ergriffen hat, Dr. Henning Ziebritzki und Frau Ilse König zum Gelingen der Veröffentlichung beigetragen.

Gewidmet ist das Buch Frau Marianne Hengel, die ihrem Mann seit der Arbeit an den „Zeloten" zur Seite gestanden hat.

Tübingen, im August 2012 Hermann Lichtenberger

Geleitwort

Die „Zeloten“ von Martin Hengel sind ein in mehrfacher Hinsicht bemerkenswertes Werk. Es ist eine Doktorarbeit, die in mehrere Sprachen übersetzt wurde, deren deutsches Original in zwei Auflagen erschienen ist und nun nach 50 Jahren eine verbesserte Neuauflage erlebt. Das allein ist schon bemerkenswert und widerfährt nicht vielen wissenschaftlichen Erstlingswerken. Noch bemerkenswerter ist allerdings die Tatsache, dass Martin Hengel die erste und zugleich im Grunde genommen bisher einzige Arbeit über die „Zeloten“ geschrieben hat, die – folgt man den Trends in der angelsächsischen Josephusforschung, wie ich sie im Nachwort zur Neuausgabe beschrieben habe – auch die letzte bleiben wird, weil es *die* Zeloten, wie sie so meisterhaft in seinem Buch beschrieben sind, angeblich nie gegeben hat. Ein erfolgreiches und im wahrsten Sinne des Wortes einzigartiges Buch über eine jüdische Partei des ersten Jahrhunderts, die ihre Existenz einzig der kombinatorischen Kreativität ihrer Erforscher verdankt, ist in der an Ungewöhnlichem nicht eben armen Forschungsgeschichte dann doch durchaus ungewöhnlich. Wobei ungewöhnlich nicht so sehr die Tatsache ist, dass eine historische Monographie über etwas geschrieben wird, das es möglicherweise nie gegeben hat, im Gegenteil – man könnte wahrscheinlich ganze Bibliotheksabteilungen mit solchen Versuchen füllen, Quellen, Bewegungen und Entwicklungen zu rekonstruieren, die sich im Nachhinein als Irrweg erwiesen. Ungewöhnlich ist vielmehr die Tatsache, dass dieses Buch bis heute keinen Nachfolger gefunden hat. In anderen Bereichen unseres Faches haben auch die Bücher Nachahmer gefunden, die historisch auf eher schwachen Füßen stehen. Warum also nicht die Zeloten?

Mein Nachwort zur Neuauflage „Gab es eine jüdische Freiheitsbewegung? Martin Hengels »Zeloten« nach 50 Jahren“ versucht, darauf eine Antwort zu geben, indem es den Weg von der Erstauflage im Jahr 1961 und ihrer Rezeption bis zur englischen Übersetzung 1989 und dann weiter bis zur aktuellen Diskussion nachzeichnet. Dabei zeigt sich, dass es weniger neue Quellen oder historische Erkenntnisse waren, die die „Zeloten“ dekonstruierten, sondern wechselnde gesellschaftliche Einflüsse von außen sowie die Abwendung von einer primär religionshistorischen Methode. Stattdessen dominieren literarische Analysen in der Josephusforschung, die weitgehend auf die Frage nach dem, was eigentlich im 1. Jahrhundert in Galiläa und Judäa geschehen ist, verzichten. Nahezu vollständig ausgeblendet ist zudem die religiöse Haltung und der theologische Kontext, die die Zeloten (und Josephus als ihren Historiographen) zu ihrer Haltung inspirierte.

Hengel demonstrierte dagegen schon mit diesem Erstlingswerk was dann in seinen späteren Arbeiten immer deutlicher in Erscheinung treten sollte, dass er nämlich ein begnadeter Historiker war, dem es gelang – oft gegen den Strom der jeweiligen Moden und Meinungen – die *religiös begründete Motivation* als wichtigen, ja vielfach entscheidenden Faktor des historischen Geschehens zu erfassen. Das Fundament dazu wird bezeichnenderweise nicht mit einer Arbeit aus dem Bereich des Neuen Testaments oder der christlichen Frömmigkeitspraxis gelegt, sondern eben mit den Zeloten. Denn das entscheidende Motiv der Zeloten, wie Hengel sie verstand, war ihr „Eifer“ für Gott, worin er eine Haltung erkannte und würdigte, die ohne Kompromisse Gottes Willen tun wollte. Viel wäre auch für gegenwärtige gesellschaftliche und politische Diskurse gewonnen, wenn die formative Kraft religiöser Überzeugungen besser verstanden würde, die – als Offenbarung Gottes menschlicher Verfügung entzogen – nicht beliebig verhandelbar sind. Angesichts der gegenwärtigen weltpolitischen Situation, in der säkulare Gesellschaften neu lernen müssen, dass der lange Atem des religiösen Eifers mit seinem sozial-revolutionären, politischen und notfalls auch zur Gewalt bereiten Potential nicht ignoriert werden kann, ist die Neuauflage dieses 50 Jahre alten Klassikers weit mehr als nur die Hommage an einen großen Lehrer und Forscher. Hengel war einer der ersten, der den „Eifer“ (heute würde man wohl Fanatismus sagen) als eschatologisch intensivierte Ausprägung einer bestehenden Religionsform darstellte und dadurch verstehbar machte. Das Interesse an seiner Arbeit in der gegenwärtigen Religionssoziologie und Politikwissenschaft ist dafür ein Indiz, da anhand der Zeloten als einer abgeschlossenen Bewegung Entstehung, Entwicklung und Ende einer solchen radikalisierten Religionsadaption studiert werden kann. Die in Hengels Darstellung der »Zeloten« aufgezeigte

Überschneidung von theologischen Überzeugungen mit eschatologischen, sozialen und politisch-nationalen Motiven, die durch prägende Lehrergestalten formuliert und verbreitet wurden, entspricht vielfach dem Erscheinungsbild auch gegenwärtiger Intensivierungsformen religiöser Überzeugungen. Eine solche Aktualisierung liegt dabei durchaus im Interesse Hengels, den als Theologen, Historiker und Zeitgenossen das Phänomen des religiösen „Eifers" zeitlebens interessiert hat. Dabei war es für ihn selbstverständlich und sozusagen unvermeidlich, dass die Kenntnis der jüdischen Freiheitsbewegung und ihres historischen Scheiterns nicht einfach nur antiquarisches Wissen blieb, sondern Orientierung für das Verstehen und Bewerten der revolutionären Bewegungen der eigenen Gegenwart bot. Nicht zuletzt ging es ihm dabei auch darum, das im Vergleich dazu anders gelagerte revolutionäre Motiv des Messias Jesus von Nazareth würdigen zu können, das die Ursache menschlichen Leidens nicht in der falschen politischen Herrschaft, sondern in den „Gesetzeszwänge[n] der Selbstbestätigung und Selbstbehauptung um jeden Preis, der aggressiven Wiedervergeltung, der Selbstrechtfertigung der Gewalt und der Verklärung des rücksichtslosen Erfolges" oder, kurz gesagt, der Sünde sieht (Gewalt und Gewaltlosigkeit. Zur »politischen Theologie« in neutestamentlicher Zeit, in: Kleine Schriften V, S. 281).

Die Neuauflage der »Zeloten« ist mit der Hoffnung verbunden, dass die Beschäftigung mit der Geschichte auch der besseren Einsicht in die Gegenwart dient. Die in diesem Band versammelten Beiträge sind ein erstes erfreuliches Zeichen dafür, dass der Schwanengesang über die Zeloten als einer wichtigen jüdischen Partei des ersten Jahrhunderts wohl zu früh angestimmt wurde. Man muss darum kein Prophet sein um vorherzusagen, dass Martin Hengels forschungsgeschichtlicher Solitär auch in Zukunft zum Verständnis des religiösen Eifers in Vergangenheit und Gegenwart seine Bedeutung behalten wird.

Nottingham, Januar 2013 Roland Deines

Joachim Schaper

Das Theologumenon des „Eifers" Gottes in alttestamentlichen Texten, sein Zusammenhang mit dem Bilderverbot und seine Wirkung auf das frühe Judentum

1. Einleitung

„Als sie davon Kunde erhielten, daß der König unter Gram und Krankheit dahinsieche, ließen sie in ihrem Bekanntenkreis die Bemerkung fallen, gerade jetzt sei die geeignetste Zeit, Gott sein Recht zu schaffen und alle die Bildwerke herunterzureißen, die gegen die väterlichen Gesetze verstießen. Denn es sei wider das göttliche Gesetz, wenn am Tempel Statuen, Tierbilder oder andere Gestalten angebracht seien, die einem Lebewesen glichen."[1] In dem Bericht des Josephus über die Zerstörung des von Herodes über dem Tor des Jerusalemer Tempels angebrachten Adlers durch die Zeloten kommen einige grundlegende Aspekte des „Eifers" Jahwes und seiner Anhänger beispielhaft zusammen: Dem Eifer des Gottes entspricht der

[1] Josephus, Bell 1,648–654 (zitiert nach Flavius Josephus, De Bello Judaico. Der Jüdische Krieg. Griechisch und Deutsch. Band 1: Buch I–III, hg. von O. Michel und O. Bauernfeind, München ²1962, 173). Vgl. auch die Parallelstelle bei Josephus, Ant 17,149–167.

Eifer seiner Verehrer, und dieser Eifer entzündet sich an der Verletzung des Bilderverbots.

Allein schon das Anbringen eines Adlers über dem Tor des Tempels reichte, um solchen (gewalttätigen) Eifer entflammen zu lassen. Der genaue Grund für die Anbringung des Adlers ist übrigens nicht zu rekonstruieren; in der Forschung wird sie gar mit dem Wunsch des Herodes nach Vergöttlichung begründet,[2] doch ist dieser Erklärungsversuch alles andere als sicher. Das braucht uns hier auch nicht weiter zu interessieren. Es bietet sich hingegen an, den Zusammenhang zwischen Eifer und Bilderverbot in den Blick zu nehmen und den Zerstörungsakt der Zeloten im Zusammenhang mit der im Verlaufe der nachhasmonäischen Zeit in manchen jüdischen Gruppierungen sich zunehmend verschärfenden, m. E. auf einer faktisch falschen, rigoristischen Interpretation von Dtn 4,16–18 beruhenden Auslegung des deuteronomischen Bilderverbotes zu sehen.[3] Ich betone hier besonders das deuteronomische Bilderverbot und wiederum vor allem die Stipulationen von Dtn 4, wo – anders als in anderen Fassungen des alttestamentlichen Bilderverbots, wie in Ex 20, Lev 19 und 26 sowie Dtn 5 und 27 – das Herstellen von bildlichen

---

[2] W. Otto, Herodes I. Beiträge zur Geschichte des letzten jüdischen Königshauses, Stuttgart 1913, 112–113.

[3] Vgl. hierzu M. Hengel, Die Zeloten. Untersuchungen zur jüdischen Freiheitsbewegung in der Zeit von Herodes I. bis 70 n. Chr., 3., durchgesehene und ergänzte Auflage hg. v. R. Deines und C.-J. Thornton, WUNT 283, Tübingen 2011, 192–198. Das Verbot jeglicher Darstellung von Menschen, Tieren etc. bezieht sich auf putative Jahwebilder und -statuen, nicht auf bildliche Darstellungen im allgemeinen; siehe Haupttext.

Darstellungen *jeglicher* Art und *jeglicher* Motivik *zum Zwecke der bildlichen Darstellung Jahwes untersagt* wird. Das Verbot wandte sich in seiner ursprünglichen Intention mit höchster Wahrscheinlichkeit *nicht* gegen bildliche Darstellungen *überhaupt*, sondern gegen Darstellungen *Jahwes*.[4] Erst der Rigorismus mancher Kreise des Frühjudentums interpretierte den Text als ein generelles Bilderverbot. Dieser Rigorismus in der Interpretation des Bilderverbots war bemerkenswert, und laut Hippolyt zeichneten sich gerade die Zeloten oder Sikarier durch besonderen Feuereifer in dieser Frage aus,[5] einen Feuereifer, der sicherlich vor allem auf eine literalistische Auslegung von Dtn 4 zurückzuführen ist. Dazu später mehr.

Zunächst einmal wollen wir den Befund des Zusammenhangs zwischen „Eifer" und Bilderverbot zum Anlass nehmen, nach den Eigenheiten und der Entwicklung des alttestamentlichen Begriffs des „Eifers" Jahwes zu fragen. Vor allem um ihn geht es uns hier, und erst in zweiter Linie werden wir dann nach der Rezeptionsgeschichte des Begriffs und seinen Wirkungen auf das Frühjudentum fragen. Dabei werden wir uns weniger den im engeren Sinne philologischen Problemen zuwenden als vielmehr

---

[4] Vgl. hierzu M. Köckert, Die Entstehung des Bilderverbotes, in: B. Groneberg/H. Spieckermann (Hg.), Die Welt der Götterbilder, BZAW 376, Berlin 2007, 272–290 über Dtn 4 als gegen das Errichten eines *Jahwe*-Standbildes gerichteten Text. Auf ein solches Standbild, und nur darauf, beziehen sich m. E. die umfassenden Darstellungsverbote von Dtn 4,16–18.

[5] Vgl. hierzu Hengel, Zeloten, 192.

dem Theologumenon als solchem, seinen Ursprüngen und seinen Wirkungen.[6]

2. Einige fundamentale Charakteristika des Begriffes קנאת יהוה/קנאה im Alten Testament und des Theologumenons vom „Eifer Gottes"

„Der Ehrenname ‚Eiferer', den sich die Anhänger der von Judas Galiläus ausgehenden Bewegung wahrscheinlich zugelegt haben, deutet darauf hin, daß sie in ihrem Selbstverständnis durch alttestamentliche Traditionen bestimmt waren, in denen der ‚Eifer' im Mittelpunkt stand. Wir müssen uns also zunächst diesen zuwenden."[7] So lässt Martin Hengel das vierte Kapitel seiner epochalen Studie über die Zeloten beginnen, um dann das alttestamentliche Konzept des Eifers Gottes zu skizzieren[8] und zur Bedeutung dieses Konzeptes in der Zeit der Makkabäer überzugehen.[9] Die vorliegende Studie hat zum Ziel, das Konzept des Eifers Gottes umfassender zu beleuchten, als dies im Kontext von Hengels Monographie möglich war.

Schon die Bezeichnung der Eiferer selbst (sg. ζηλωτής) reflektiert die Bedeutung der jüdisch-hellenistischen Interpretation der alttestamentlichen Vorstellung vom Eifer

[6] Für eine philologisch-historische Untersuchung des Begriffs sei besonders auf F. Küchler, Der Gedanke des Eifers Jahwes im Alten Testament, ZAW 28 (1908), 42–52, verwiesen.

[7] Hengel, Zeloten, 150.

[8] Hengel, Zeloten, 150–153.

[9] Hengel, Zeloten, 153 ff.

(קנאה; ζῆλος) Gottes.[10] Als Standardäquivalent des hebräischen Begriffs קנאה findet sich in der Septuaginta ζῆλος, wie Bernhardt zutreffend vermerkt.[11] Hengel weist darauf hin, dass אל קנא in der Septuaginta mit θεὸς ζηλωτής übersetzt wird (vgl. Ex 20,5; 34,14; Dtn 4,24; 5,9; 6,15; Nah 1,2). Diese Tatsache könnte an der Wurzel des Gebrauchs des Begriffs ζηλωτής für die „Eiferer" um Gottes willen liegen. Während im alttestamentlichen Sprachgebrauch „die Adjektive קנא und קנוא nur auf Gott bezogen"[12] werden, wird das genaue griechische Äquivalent, ζηλωτής, im hellenistischen Griechisch auf Menschen angewandt; das hat allerdings nicht nur in der Septuaginta seine Vorbilder, sondern findet sich auch in ganz anderen literarischen Korpora, so z. B. bei Platon, Protagoras 343a. Allerdings wird davon auszugehen sein, dass der frühjüdische Gebrauch von ζηλωτής (vgl. z. B. 2 Makk 4,2 und 4 Makk 18,12) auf das Vorbild der Septuaginta zurückgeht.

Die Geschichte des Begriffs קנאה und der Prägung קנאת יהוה ist umstritten, und K.-H. Bernhardt fragt, in kritischer Weiterführung der Gedanken Küchlers, ob die „Weite des Begriffes" das mögliche Resultat „einer all-

---

[10] קנאה und von ihm abhängige Formen finden sich 82mal in der Hebräischen Bibel (vgl. K.-H. Bernhardt, Gott und Bild. Ein Beitrag zur Begründung und Deutung des Bilderverbotes im Alten Testament, ThA 2, Berlin 1956, 88, Anm. 4); ζῆλος ist das Standardäquivalent der LXX für קנאה (Ausnahmen sind nur Ez 36,5 und Prov 14,30); als das entsprechende Verb wird ζηλοῦν verwendet; ζῆλος und ζηλοῦν werden in 78 der 82 Fälle gebraucht (vgl. Bernhardt, Gott und Bild, 89, Anm. 1). Vgl. A. Stumpff, ζῆλος, ζηλόω, ζηλωτής, παραζηλόω, in: ThWNT Bd. 2, 879–890.

[11] Bernhardt, Gott und Bild, 89; siehe auch ebd., Anm. 1.

[12] Hengel, Zeloten, 150.

mählichen sprachlichen Entwicklung“ vom Bereich der geschlechtlichen Eifersucht „bis hin zum exilischen bzw. nachexilischen Gebrauch zum Ausdrucke des eschatologischen Heilswillens Gottes“[13] gewesen sein könne. Oft wird angenommen, קנאה sei vornehmlich mit „Eifersucht“ zu übersetzen und entstamme dem Bereich der zwischenmenschlichen Beziehungen, wobei ein besonderer Akzent auf der geschlechtlichen Eifersucht liege, wie aus Texten wie Num 5,30 hervorgehe. Diese menschlich-allzumenschlichen Gefühle seien auf Jahwe projiziert worden und stünden im Zusammenhang des Verhältnisses zwischen Jahwe und den Israeliten; der Gott wache über seine Anhänger wie ein eifersüchtiger Ehemann über seine Frau; oftmals wird dabei auf die einschlägigen Hosea-Texte verwiesen. So schreibt z. B. F. Küchler: „Das ursprüngliche Gebiet des Stammes קנא scheint mir das der Liebe der Geschlechter und speziell der Ehe zu sein.“[14]

Zu Recht weist Bernhardt aber darauf hin, dass die Sachlage dann doch komplizierter ist: Nicht nur gibt es keine Grundlage für Küchlers Behauptung,[15] dass (geschlechtliche) „Eifersucht“ die allem anderen zugrunde liegende älteste Bedeutung von קִנְאָה sei, es wird auch deutlich, „daß … wir in vordeuteronomischer Zeit bereits alle Bedeutungsnuancen des Stammes קנא antreffen“.[16] Besonders bleibt festzuhalten, dass z. B. bereits in Jes 9,5–6,

[13] BERNHARDT, Gott und Bild, 89.
[14] KÜCHLER, Der Gedanke des Eifers Jahwes, 43.
[15] KÜCHLER, Der Gedanke des Eifers Jahwes, 43.
[16] BERNHARDT, Gott und Bild, 89.

also in einem Text des achten Jh.s v. Chr., קנאת יהוה als „ein Ausdruck für den *Heils*willen Gottes" benutzt wird.[17] Dies hat Bernhardt, im Anschluss an Duhm,[18] gegen Küchler hervorgehoben.[19]

Bemerkenswert ist, dass sich die קנאת יהוה „nie gegen die Nebenbuhler wendet", sondern sich vielmehr „mit aller Schärfe des göttlichen Zorns ausschließlich gegen Israel" richtet.[20] Überzeugend schließt Bernhardt aus dem Befund, קנא, „von Jahwe ausgesagt, [sei] der Ausdruck des leidenschaftlichen ‚Eifrigseins', des ‚göttlichen Eifers' für und auch gegen sein Volk".[21]

Wie wir nun sehen, hatte Bernhardt also, seine Begriffsstudie einleitend, durchaus zu Recht festgestellt, es sei „überhaupt fraglich, ob die Wiedergabe von קנא in Ex. XX,5; XXXIV,14 und anderen Stellen mit ‚eifersüchtig sein' sinnvoll ist. Die Schwierigkeit liegt darin, daß קִנְאָה, das nebst den von ihm abgeleiteten Verbalformen und Adjektiven 82-mal im Alten Testament anzutreffen ist, eine verhältnismäßig große begriffliche Weite aufweist, so daß wir es kaum in unserer Sprache mit einem einzigen Worte auszudrücken vermögen."[22] Die Septuaginta hingegen versucht es mit einem einzigen Wort auszudrücken, nämlich ζῆλος, wie Bernhardt zutreffend vermerkt.[23]

---

[17] Bernhardt, Gott und Bild, 89.

[18] B. Duhm, Das Buch Jesaia, Göttingen [5]1968, 91.

[19] Bernhardt, Gott und Bild, 90.

[20] Bernhardt, Gott und Bild, 91 f.

[21] Bernhardt, Gott und Bild, 92.

[22] Bernhardt, Gott und Bild, 88.

[23] Bernhardt, Gott und Bild, 89; siehe auch ebd., Anm. 1.

Die Gründe, die die Übersetzer verschiedenster biblischer Bücher dazu bewogen, ausnahmslos ζῆλος zu wählen, sind im einzelnen kaum festzustellen und brauchen uns hier auch nicht zu interessieren. Doch fragt es sich, und hier handelt es sich um eine wichtige Frage, ob nicht genau diese semantische Engführung von קִנְאָה durch die hellenistisch-jüdischen Übersetzer zu jener Rezeption des „Eifer"-Theologumenons führte, die wir bei den Zeloten wirksam sehen. Dabei können wir nun auch feststellen, dass das Septuaginta-Standardäquivalent ζῆλος durchaus seine Begründung in der Semantik von קִנְאָה findet; dies wird besonders deutlich, wenn wir Bernhardts Schlussfolgerung ernst nehmen und berücksichtigen, dass der „(göttliche) Eifer", das „Eifrigsein" um des Heiligen willen, von vornherein zum semantischen Feld von קִנְאָה gehörte.

Ein durch Eifersucht bzw. Eifer gekennzeichnetes Verhältnis zwischen einer Gottheit und ihren Anhängern scheint im ganzen Alten Orient sonst unbekannt gewesen zu sein. Und diese Eifersucht ist nicht nur einer unter vielen Aspekten des Gott-Mensch-Verhältnisses in der Hebräischen Bibel – sie ist konstitutiv. J. Assmann lenkt die Aufmerksamkeit seiner Leser auf genau diese Tatsache, wenn er betont, „[d]ie Idee des eifersüchtigen Gottes [sei] sicher nicht irgendein marginales und längst überwundenes Zwischenstadium in der Geschichte des Monotheismus"; vielmehr habe man es hier mit dem „Zentrum des monotheistischen Gottesgedankens" zu tun.[24] Ass-

[24] J. Assmann, Monotheismus und die Sprache der Gewalt, Wiener Vorlesungen im Rathaus 116, Wien 2006, 33.

mann sieht auch die Dialektik von Eifer (und dem daraus resultierenden Zorn) Gottes und der Liebe Gottes, die sich in dem alttestamentlichen Theologumenon verbirgt, denn „[d]ie Eifersucht Gottes entspringt ja seiner Liebe".[25]

Die Frage, die sich hier aufdrängt, lautet: „Warum ist denn Jahwe ‚eifersüchtig'? … Worin besteht denn der grundlegende Unterschied zwischen Jahwe und den anderen Göttern?"[26] Das „warum" wird sich kaum jemals beantworten lassen, doch zur Bedeutung und Tragweite des Konzepts selbst und zu seiner Bedeutung für das Gottesbild der Israeliten und des Frühjudentums sowie der weiteren Wirkungsgeschichte des Theologumenons ist einiges zu bemerken. Assmanns Unterscheidung zwischen „inklusivem" und „exklusivem" Monotheismus folgend,[27] ist der israelitische Monotheismus (wie z. B. auch der von Echnaton propagierte) als exklusiver Monotheismus zu klassifizieren, also als einer, der „nicht im Sinne der Evolution aus dem Polytheismus hervor[geht], sondern […] sich ihm im Sinne der Revolution entgegen[stellt]" – nicht der inklusive Monotheismus der klassischen Antike und anderer Kulturen, sondern nur der exklusive Monotheismus „spricht die Sprache der Gewalt".[28]

---

[25] Assmann, Monotheismus und die Sprache der Gewalt, 33.

[26] Bernhardt, Gott und Bild, 87.

[27] Vgl. z. B. Assmann, Monotheismus und die Sprache der Gewalt, 24–25.

[28] Assmann, Monotheismus und die Sprache der Gewalt, 24.

3. Der Zusammenhang zwischen dem Eifer Gottes und dem Bilderverbot

Hengel hebt hervor, dass der Eifer Gottes besonders im Zusammenhang der beiden Dekaloge und im „Bericht vom Landtag zu Sichem“ vorkomme – was „darauf hin[weist], daß der Eifer als fester Wesenszug zu Jahwe gehörte, der eifersüchtig darüber wachte, daß Israel seine Bundesverpflichtungen einhielt und ihn als einzigen Gott anerkannte. Entsprechend verband sich dieser Eifer mit dem Zorn, sobald Jahwes Gebot gebrochen wurde, vor allem wenn fremde Götter angebetet wurden.“[29]

Dieser Beobachtung ist durchaus zuzustimmen, doch wenn man die Netze weiter auswirft, tritt die Verortung des Theologumenons genauer hervor, und es ergibt sich ein bemerkenswerter Befund: Der Eifer Gottes und das *Bilderverbot* stehen in engem Zusammenhang, und das nicht nur in den typischen dtn und dtr beeinflussten Texten, an die man zunächst denkt, sondern z. B. auch in jesajanischen (besonders deuterojesajanischen!) Texten, wo zwar die Prägung אל קנא bzw. אל קנוא nicht auftritt, wohl aber das Jahwewort in emphatischer Weise gegen Götterbilder gewandt ist; vgl. z. B. Jes 40,17–21; 41,6–7 (vgl. 41,19–20); 41,29; 42,8; 42,17; 44,9–20; 45,16 und 46,6.

Warum nun war es den Autoren zentraler biblischer Texte so wichtig, den Eifer Gottes und den Eifer für Gott mit der Verehrung von Bildern zu kontrastieren?

---

[29] HENGEL, Zeloten, 150–151.

Warum findet sich der enge, unauflösliche Zusammenhang zwischen der „wahren", anikonischen Verehrung Jahwes und dem Eifer Gottes und für Gott? Um dies auch nur ansatzweise zu verstehen, müssen wir uns damit auseinandersetzen, welche Implikationen die Verehrung von Götterbildern hat. Dann wird auch klarer werden, warum sich der Eifer Jahwes und seiner Anhänger mit besonderer Vehemenz gegen Bilder richten kann – einer Vehemenz, die von den Zeloten noch gesteigert wurde, wie aus dem eingangs zitierten berühmten Beispiel so schlagend hervorgeht.

Vorab sei gesagt, dass eine umfassende Untersuchung des Problems im Rahmen eines Aufsatzes natürlich überhaupt nicht zufriedenstellend möglich ist. Allein schon die Komplexität des Bildbegriffes sowie der historischen Entwicklung und der konzeptuellen Grundlagen des Umgangs mit Götterbildern macht dies unmöglich; seit geraumer Zeit sind Kunsthistoriker, Medienwissenschaftler, Religionshistoriker, Althistoriker, Altphilologen, Theologen und andere Fachwissenschaftler mit der Klärung von Myriaden von Fragen beschäftigt, die insbesondere mit dem religiösen Gebrauch von Bildern zu tun haben, und ein Ende ist nicht in Sicht. Trotzdem sollte es möglich sein, im Rahmen der uns vorgegebenen Fragestellung *ein* grundsätzliches Problem näher zu betrachten.

Bei diesem Problem handelt es sich um die obengenannte Frage nach den Implikationen der Verehrung von Götterbildern. Nun haben in jüngerer und jüngster Zeit Kunsthistoriker, Medientheoretiker und Altertumswissenschaftler der „Macht der Bilder" zu Recht ihre Aufmerksamkeit gewidmet.[30] Doch ist diese „Macht“ nicht nur die vom Bild ausgehende und auf den Betrachter wirkende, und auch nicht nur die vermeintliche numinose Präsenz von Gottheiten in Bildern und Statuen[31] – vielmehr verleihen Bilder auch gleichsam *Zugriff* auf die Gottheit, die sich nach Meinung ihrer Anhänger in ihnen verkörpert.

Diese Beobachtung ist insofern von besonderem Interesse für Alttestamentler, als die Ausübung eines Bilderkultes nicht zuletzt den Verehrern der in dem Bild als anwesend erfahrenen Gottheit und besonders den Funktionären des dieser Gottheit gewidmeten Kultes *Macht* verleiht – *Macht über „ihre“ Gottheit.*

Diese Beobachtung machte schon K.-H. Bernhardt in seiner hervorragenden Dissertation:

> Die Machtmittel, die dem Priester für den Verkehr mit der Gottheit zur Verfügung stehen, sind mannigfacher Art. Eines der wichtigsten davon ist das Gottesbild. Wie Bild und Mensch im Bildzauber, so verhalten sich auch Gott und Bild in der Bilderverehrung zueinander. Was dem Bilde geschieht, was ihm zugefügt wird, das trifft auch die Gottheit, die das Bild mit ihrem Fluidum beseelt.[32]

Es könnte nun tatsächlich der Fall gewesen sein, dass gerade die Manipulierbarkeit von Götterbildern Anlass

---

[30] Vgl. z. B. P. Zanker, Augustus und die Macht der Bilder, München 1987; H. Belting, Bild und Kult. Eine Geschichte des Bildes vor dem Zeitalter der Kunst, München 1990; Z. Bahrani, The Graven Image: Representation in Babylonia and Assyria, Archaeology, Culture and Society, Philadelphia 2003 und H. Bredekamp, Theorie des Bildakts, Frankfurter Adorno-Vorlesungen 2007, Berlin 2010.

[31] Bahranis Arbeit ist ein wesentlicher Beitrag zur Klärung der fundamentalen, unbewussten (!) konzeptuellen Voraussetzungen der kultischen Verehrung von Bildern im Alten Orient.

[32] Bernhardt, Gott und Bild, 152.

dazu gab – und zwar auf Grund eines Konzepts von Jahwe, das mit einer solchen Manipulierbarkeit nicht in Einklang zu bringen war[33] –, auf Bilder Jahwes ganz und gar zu verzichten.[34] Doch muss dies im Reich der Spekulation verbleiben; konkrete Anhaltspunkte gibt es dafür nicht.

Jedenfalls ist die Tatsache bemerkenswert, dass der Eifer Jahwes – und damit der Anspruch auf den Gehorsam der Israeliten – in offensichtlichem Zusammenhang mit dem Bilderverbot steht. Besonders bemerkenswert ist dabei, dass der seltene Ausdruck אל קנא, der nur sechsmal in der Hebräischen Bibel auftaucht, ausgerechnet in Exodus 20,5; 34,14; Dtn 4,24; 5,9; 6,15 (אל קנוא in Jos 24,19 und Nah 1,2!) vorkommt. Hier wird die Eifersucht Gottes geradezu zu einem Bestandteil seines Namens und wird damit gleichsam zu seinem hervorstechendsten „Charaktermerkmal“ erklärt: „Aus dem adjektivischen Attribut wird damit eine Apposition, die den Eifer als Wesenszug Gottes

---

[33] So BERNHARDT, Gott und Bild, 152: „Es entspricht diesem eben beschriebenen Verhältnis Jahwes als Führergott zu Israel, daß Jahwe eine Gottheit ist, der man gehorcht, nicht aber eine Gottheit, die man bezwingt, um sie sich dienstbar zu machen. Jahwe ist nicht der Macht des Priesters unterworfen, wie man es sonst für das Altertum weithin charakteristisch findet.“ Diese Äußerung dürfte weniger auf dem alttestamentlichen Befund und anderen altorientalischen Quellen beruhen als vielmehr auf Vorstellungen der Dialektischen Theologie, die zur Zeit der Abfassung von Bernhardts Dissertation auch auf die exegetischen Fächer sich auszubreiten begonnen hatten.

[34] Dass die biblische Kritik an Bildern sich zuerst und vor allem gegen Jahwebilder richtet, hat BERNHARDT, Gott und Bild, passim, bes. 151–154, überzeugend herausgearbeitet; vgl. auch, mit vielen wichtigen neuen Einsichten zur möglichen Existenz eines Jahwe-Standbildes im vorexilischen Jerusalemer Tempel, KÖCKERT, Entstehung, passim.

besonders heraushebt."[35] Wie wir bereits sahen, wird in der Septuaginta mit θεὸς ζηλωτής übersetzt. Der entsprechende Gebrauch von ζηλωτής als „Eiferer" um Gottes willen etablierte sich dann im Frühjudentum, wofür Apg 22,3 und Röm 10,2 berühmte Beispiele geben.[36]

Doch sind die Entstehung und der Erfolg des Theologumenons vom „Eifer Jahwes" damit nicht erklärt. Wohl ist der Zusammenhang zwischen dem „Eifer" und dem Bilderverbot offensichtlich, und der Grund zum Misstrauen gegen „Bilder" ist es, nach dem oben Gesagten, nun auch. Aber der eigentliche Grund für die Entstehung des Theologumenons selbst ist zu klären. Dieser Aufgabe widmen wir uns im folgenden Abschnitt.

4. Der „Eifer Jahwes", die Sprache der Gewalt und die Schriftkultur

Dem Eifer der Gottheit hatte natürlich der Eifer seiner Anhänger zu entsprechen. Martin Hengel weist in seiner Studie über die Zeloten darauf hin, dass der „‚Eifer Jahwes' … sein Gegenbild in dem Eifer der Frommen für Jahwes Ehre und Heiligkeit [hat]. An erster Stelle ist Pinehas, der Sohn Eleazars und Enkels Aarons, zu nennen. Als Israel zu Baal Peor abfiel, entbrannte Gottes Zorn gegen das Volk, und er verhängte eine Plage über dasselbe. Daraufhin tötete Pinehas in spontanem Eingreifen ein ehebrecherisches Paar,

[35] Hengel, Zeloten, 65.
[36] Hengel, Zeloten, 179.

das besonderen Anstoß gegeben hatte, und die Plage wich von Israel."[37] Hengel betont dann auch, sehr zu Recht, die Bedeutung der Verheißung von Num 25,11–13.[38]

Nur im Rahmen einer rigoristischen Interpretation der Tora konnte, was zuerst nur ein Verbot der Herstellung und Verehrung von *Jahwe*bildern gewesen war,[39] nämlich Dtn 4,16–18, zum Verbot jeglicher bildlichen Darstellung von Lebewesen umgedeutet werden. So konnten dann auch die religiösen Gefühle der Zeloten schon durch die Darstellung eines Adlers auf den Außenmauern des Tempels so sehr verletzt werden, dass Gewalt die Folge war. Der zelotische Eifer ist eine extreme Variante der Gewaltbereitschaft, die im exklusiven Monotheismus insofern angelegt ist, als dieser prinzipiell die Sprache der Gewalt zu sprechen bereit ist. Wohl lässt das Auftreten von Sprache der Gewalt in einem biblischen Text keinesfalls den Rückschluss auf tatsächliche historische Gewalttaten zu (besonders das Buch Deuteronomium und Texte wie Exodus 32–34 machen dies deutlich),[40] doch haben solche Texte die *Bereitschaft* zur Gewalt im Namen der Religionspraxis hervorgerufen und sind zur Legitimation

---

[37] HENGEL, Zeloten, 151.

[38] HENGEL, Zeloten, 151–152.

[39] Vgl. oben, Anm. 4.

[40] Dies wird zu Recht von ASSMANN, Monotheismus und die Sprache der Gewalt, 42, betont, wenn er mit Blick auf das „deuteronomistische Kriegsrecht" schreibt, es sei, „wohlgemerkt, eine reine Fiktion und nie geltendes Kriegsrecht gewesen. Es ist aber Teil der kulturellen Semantik der monotheistischen Bewegung und damit ständig in der Lage, in historische Wirklichkeit umgesetzt zu werden."

der Ausübung solcher Gewalt benutzt worden.[41] 1Makk 2,26 bietet ein bemerkenswertes Beispiel dafür, wenn die eingangs von uns bereits erwähnte Pinehas-Perikope zur Legitimation der Gewaltausübung gegen Juden (!) benutzt wird.[42] Gehen wir von der Historizität des dort erwähnten Ereignisses aus, ist zu schließen, dass die Makkabäer eine Hermeneutik der Torah entwickelten,[43] die die fiktive Gewalt der alten Texte in aktuelle Gewalt sogar und speziell (vgl. Dtn 13,13–19!) gegen die eigenen Religionsgenossen transformierte.

Verbale Gewalt wurde im Verlauf der Rezeptionsgeschichte der als heilig angesehenen Texte zu tatsächlicher Gewalt, und gerade der Status der Heiligkeit und der kanonischen Autorität, der den Texten zugeschrieben wird, dürfte dazu geführt haben, dass man die Sprache der Gewalt nun auch als Aufforderung zur Ausübung tatsächlicher Gewalt verstehen konnte. Dass diese „kulturelle Semantik"[44] bis in die jüngste Zeit nachwirkt, bedarf keiner Illustration.

---

[41] J. Assmann trifft diese wichtige Unterscheidung, vgl. die vorige Anmerkung.

[42] Vgl. Assmann, Monotheismus und die Sprache der Gewalt, 43.

[43] Vgl. Assmann, Monotheismus und die Sprache der Gewalt, 45: „Völlig richtig deutet bereits Jehuda Makkabi ‚Kanaan' als Chiffre für die Heiden in den eigenen Reihen, denen mit ganz anderer Grausamkeit zu begegnen ist als den Heiden draußen. Dafür benutzt er das archaische und fiktive Kriegsrecht als Drehbuch für seinen Guerillakrieg." Assmann lässt offen, ob die Vernichtungsaktionen gegen Juden, die in 1 Makk erzählt werden, historisch sind oder fiktiv. Es ist allerdings anzunehmen, dass es sich um tatsächliche Vorkommnisse handelt.

[44] Vgl. Assmann, Monotheismus und die Sprache der Gewalt, 21.42.

J. Assmann hat darauf hingewiesen, dass die Geschichte der Sprache der Gewalt im israelitischen Monotheismus ohne Berücksichtigung der Schlüsselrolle des Schreibens und der Schriftlichkeit der als autoritativ und schließlich als heilig und kanonisch[45] angesehenen Texte nicht zu verstehen ist. Erst als diese Texte gleichsam „exkarniert" vorlagen,[46] konnten sie ihr – manchmal zerstörerisches – Potential entfalten: Wo in anderen altorientalischen und hellenistischen Kulturen der Herrscher als die Quelle des Gesetzes galt und es geradezu verkörperte,[47] begann in Israel das Gesetz sich gleichsam zu exkarnieren und eine eigenständige Existenz anzunehmen – seine Quelle war Jahwe, aber in seiner Existenz als Text, der gewissermassen als vom göttlichen Fluidum aufgeladen erfahren wurde,[48] wurde der Text als eigene Macht erfahren: „Die Schrift informiert nicht, wie Recht gesprochen werden soll, sondern sie spricht Recht, und dieser performative Anspruch macht

[45] Vgl. J. ASSMANN, Fünf Stufen auf dem Wege zum Kanon. Tradition und Schriftkultur im frühen Judentum und seiner Umwelt: Vortrag anläßlich der Promotion zum D. theol. ehrenhalber vor der Evangelisch-Theologischen Fakultät der Westfälischen Wilhelms-Universität Münster am 12. Januar 1998. Mit einer Laudatio von Hans-Peter Müller, Münstersche theologische Vorträge 1, Münster 1999, passim.

[46] Vgl. A. ASSMANN, Exkarnation. Über die Grenze zwischen Körper und Schrift, in: A. M. MÜLLER/J. HUBER (Hg.), Interventionen, Basel 1993, 159–181.

[47] Vgl. hierzu ASSMANN, Monotheismus und die Sprache der Gewalt, 47 f.

[48] K. VAN DER TOORN, The Iconic Book. Analogies between the Babylonian Cult of Images and the Veneration of the Torah, in: DERS. (Hg.), The Image and the Book. Iconic Cults, Aniconism, and the Rise of Book Religion in Israel and the Ancient Near East, Leuven 1997, 229–248, passim.

beim Recht nicht Halt, sondern beansprucht in jedem Satz autoritative und normative Verbindlichkeit für alle Aspekte des Lebens."[49] Der von Assmann betonte „performative Anspruch" ist das Ergebnis jener umwälzenden Neuerung, die die zunehmende Bedeutung von Schrift und Schriftlichkeit in fast allen Bereichen der judäischen Gesellschaft seit der spätvorexilischen Zeit darstellte. Ein Zusammenhang, der von Assmann nicht erwähnt wird und meines Erachtens den Schlüssel zum Verständnis des Entstehens des Theologumenons vom „Eifer" Jahwes bereithält, ist jener, der zwischen der schriftlichen Fixierung von Texten, der daraus resultierenden Überprüfbarkeit des Fixierten und der Entstehung oder zumindest Stärkung des Konzepts von „Orthodoxie" besteht. Dieser Zusammenhang ist von J. Goody herausgearbeitet worden.[50]

Nach dem eben Gesagten dürfte es nicht mehr allzu verwunderlich sein, dass das Konzept des „Eifers" Gottes derselben Zeit entstammt, in der auch die Schriftkultur Judas ihren entscheidenden Aufschwung nahm. Das Erstehen eines Konzeptes von „Orthodoxie", das von Goody so überzeugend nachgezeichnet worden ist, ist ebender Prozess, den Assmann später in seinen eigenen Begriffen als das Aufkommen der „mosaischen Unterscheidung"

[49] Assmann, Monotheismus und die Sprache der Gewalt, 48.

[50] Vgl. auch J. Goody, Objections and Refutations, in: ders. (Hg.), The Power of the Written Tradition, Smithsonian Series in Ethnographic Inquiry, Washington and London 2000, 1–25, passim, bes. 15 f. Vgl. auch J. Goody, The Logic of Writing and the Organization of Society, Studies in Literacy, Family, Culture and the State, Cambridge 1986.

beschrieben hat.[51] Der Zusammenhang zwischen Orthodoxie und „Eifer" ist offensichtlich, und der „Eifer Jahwes" ist das Ergebnis der Projektion jenes neuartigen Eifers um Wahr und Falsch, der durch den Aufstieg der Schriftkultur erst möglich wurde. Das Konzept von Orthodoxie, das mit diesem Aufstieg einherging, hatte eine subversive Wirkung auf jeglichen Bilderkult.[52] Mit dieser Orthodoxie vertrug es sich nicht mehr, die Gottheit durch das Bild und mit dem Bild zu beherrschen, was zur Folge hatte, dass die Gottesverehrung die Züge eines exklusiven Monotheismus annahm – mit bemerkenswerten und schwerwiegenden Folgen nicht nur in der Geschichte des Judentums, sondern aller abrahamitischen Religionen und der Kulturen, in denen sie sich etablierten.

---

[51] J. Assmann, Die Mosaische Unterscheidung oder der Preis des Monotheismus, Edition Akzente, München 2003.

[52] Vgl. hierzu die Monographie, die ich hoffe, demnächst abschließen zu können.

Anna Maria Schwemer

Die „Eiferer" Elia und Pinchas und ihre Identifikation*

Vorbemerkung

Der Priester Pinchas, der Sohn Eleazars und Enkel Aarons, und der Prophet Elia sind die beiden großen „Eifergestalten" des Alten Testaments, die durch ihren Eifer für Gott hervorragen und deren Eifer eine bedeutende Wirkungsgeschichte hervorgerufen hat.[1] In einer eigenartigen jüdischen Auslegungstradition wurden sie miteinander identifiziert. Origenes schreibt dazu: „Ich weiß nicht, aus welchem Grund die Hebräer überliefern, dass Pinchas,

* Für das Mitlesen der Korrekturen danke ich Frau stud. theol. et phil. Johanna Friederike Jebe. Die Abkürzungen für Zeitschriften und Reihen richten sich nach: Abkürzungen Theologie und Religionswissenschaft nach RGG⁴, hg. v. der Redaktion der RGG⁴, UTB 2868, Tübingen 2007.

[1] Auch Jehu bezeichnete sich als „Eiferer für Gott", 2 Kön 10,16, „der der ‚Hurerei und den Zauberkünsten' Isebels ein Ende" bereitete mit seinem Staatsstreich und der Ausrottung der Omriden. S. dazu R. Albertz, Religionsgeschichte Israels in alttestamentlicher Zeit 1, ATD Ergänzungsreihe Bd. 8/1, Göttingen 1992, 243, der mit guten Gründen dafür plädiert, dass der Eifer Elias ursprünglich sekundär aus dem des Jehu entstanden ist. Zu den wenigen Belegen über Jehu in der rabbinischen Haggada s. L. Ginzberg, The Legends of the Jews. Vol. VI, Philadelphia ⁹1987, 353. Zu Josias Eifer in 2 Bar 66,5 s. u. S. 40.

der Sohn Eleasars, … derselbe wie Elia ist, und dass ihm die Unsterblichkeit aufgrund des Stichworts ‚Frieden' im Buch Numeri verheißen wurde."[2] Martin Hengel hat die Entstehung dieser Tradition in seiner Dissertation vor gut 50 Jahren auf „zelotische Kreise" zurückgeführt.[3] Es bietet

---

[2] Origenes, Jo.Com. VI 14 (7) (GCS 10, Orig. 4, 123 ed. Preuschen); zitiert schon von M. Hengel, Die Zeloten. Untersuchungen zur jüdischen Freiheitsbewegung in der Zeit von Herodes I. bis 70 n. Chr., 2. verbesserte und erweiterte Auflage, AGJU 1, Leiden / Köln 1976, 168, Anm. 3 = 3., durchgesehene und ergänzte Auflage hg. v. R. Deines und C.-J. Thornton, WUNT 283, Tübingen 2011, 166, Anm. 101. Im Folgenden werden die Seitenangaben der 3. Auflage jeweils in Klammern hinzugesetzt.

[3] Hengel, Zeloten, 172 (= 170–171) meinte, der Befund der verschiedenen Belege in Pseudo-Philo, Liber antiquitatum biblicarum (LAB) aus dem 1. Jh. n. Chr. (s. dazu u.) und in der rabbinischen Literatur „lasse[n] sich am besten … erklären, wenn hier eine ursprünglich zelotische Überlieferung vorgelegen (hat)." Er wandte sich damit u. a. gegen die Vorschläge von Aptowitzer und Spiro (175, Anm. 3): V. Aptowitzer, Parteipolitik der Hasmonäerzeit im rabbinischen und pseudepigraphischen Schrifttum, Veröffentlichungen der Alexander Kohut Memorial Foundation V, Wien / New York 1927, 96–98 führte die Gleichsetzung auf die hasmonäische Auslegung von Mal 3,23–24; 3,1–5 und 2,4–7 zurück, wonach „Pinchas-Elia" „der Messias" sei. A. Spiro, The Ascension of Pinehas, PAAJR 22 (1953), 91–114 vermutete als Grund für die Gleichsetzung antisamaritanische Polemik. Denn die Samaritaner rechnen damit, dass Pinchas starb und verehren das Pinchasgrab; im Gegenzug dazu sei die jüdische Tradition vom langen Leben des Pinchas entstanden. Anders wieder R. Hayward, Phinehas – the same is Elijah: The Origins of a Rabbinic Tradition, JJS 29 (1978), 22–34: „the equation of Phinehas with Elijah developed in circles friendly to John Hyrcanus and the Hasmonean priesthood" (34); M. Öhler, Elia im Neuen Testament. Untersuchungen zur Bedeutung des alttestamentlichen Propheten im frühen Christentum, BZNW 88, Berlin / New York 1997, 25, Anm. 130: „es ist … mangels schriftlicher Zeugnisse nicht eindeutig, ob sich die Zeloten überhaupt auf Pinhas beriefen", plädiert ebenfalls für Entstehung in der Hasmonäerzeit (vgl.

sich an, da ihm verschiedentlich widersprochen wurde, der Frage erneut nachzugehen.

1. Zur Pinchastradition

Num 25,1–18 erzählt, dass die männliche Jugend Israels in Schittim im Ostjordanland zur Verehrung des Baal Peor abfiel, weil midianitische Mädchen sie zum „Huren"[4] verführten. Daraufhin befahl Gott Mose, wegen dieses Götzendienstes „alle Häupter des Volkes" rituell hinzurichten, aber Mose befolgte den Befehl nicht, sondern gab nur an die Stammeshäupter weiter, sie sollten die Schuldigen, die „sich dem Baal Peor unterjocht hatten", töten. Wegen der unterlassenen Sühne durch die rituelle Hinrichtung der „Häupter" starben 24.000 Menschen durch eine Seuche, die Gottes Zorn zur Strafe über Israel verhängte, und ganz Israel versammelte sich zu einem rituellen Weinen am Eingang des Begegnungszeltes. Da trieb ein Fürstensohn aus dem Stamm Simeon mit Namen Simri das Ganze auf die Spitze und führte eine midianitische Fürstentochter mit Namen Kosbi in seine Familie ein, er hatte also vor, mit ihr eine neue, nicht jahwegläubige Dynastie zu gründen. Der junge Priester Pinchas beendete durch sein energisches

dazu u. Anm. 49 und 166); A. Meinhold, Maleachi, BKAT XIV/8,2, Neukirchen-Vluyn 2002, 157, lässt die Frage der Entstehung der Tradition offen und schließt sich ansonsten Hengel an; vgl. dazu auch H. Seebass, Numeri. 3. Teilband, Numeri 22,2–36,13, BKAT IV/3, Neukirchen-Vluyn 2007, 120.

[4] Das Verbum זנה (und seine Derivate) bedeutet „huren" und „Götzendienst treiben".

Einschreiten die Plage, indem er ergriffen vom Eifer für die Ausschließlichkeit und Eiferheiligkeit Gottes eine Lanze nahm und das Paar tötete. Deshalb sagte Gott zu Mose:

„Der Priester Pinchas … hat meinen Zorn von den Israeliten abgewandt, indem er meinen Eifer in ihrer Mitte eiferte (*b^e^qan'o 'et qin'ati*), so dass ich die Israeliten nicht in meinem Eifer (*b^e^qin'ati*) vernichtete."[5]

Jahwes Eifer ist mit dem Verbot von jeder Art von Fremdkult verbunden, denn „Jahwe ist ein eifernder Gott", heißt es im Dekalog.[6] Jahwes Eifersucht entspringt seiner Liebe. Reinhard Feldmeier und Hermann Spieckermann betonen zu Recht:

„Dieses Wort Gottes in Gestalt der ‚Zehn Worte' widmet dem Gottesverhältnis Israels größte Beachtung. … Yhwhs Exodustat ermöglicht die Gemeinschaft Israels mit seinem Retter, welche durch die Gebote bewahrt werden soll. … Fremdgötter- und Bilderverbot sowie das Verbot des Namensmissbrauchs (Ex 20,3–7 par. Dtn 5,7–11) weisen in Drohung und Verheißung mit Nachdruck auf die Exklusivität dieses Verhältnisses hin. Darin manifestiert sich kein herrischer Besitzanspruch", sondern Gottes rettende Liebe zu seinem Volk.[7]

Dieser Liebe Gottes soll Israel mit seiner Treue zu ihm und dem Lieben seiner Gebote entsprechen. Auf Israels Untreue antwortet Gottes Eifer. Pinchas hat, indem er Jahwes Eifer mit seiner Tat nachvollzog, Sühne geschaffen und

[5] Num 25,11. Zur Übersetzung vgl. SEEBASS, Numeri, 111.

[6] Ex 20,5; 34,14; Dtn 6,14–15; s. dazu G. VON RAD, Theologie des Alten Testaments I, München 1957, 203–204.

[7] R. FELDMEIER/H. SPIECKERMANN, Der Gott der Lebendigen. Eine biblische Gotteslehre, Topoi Biblischer Theologie/Topics of Biblical Theology 1, Tübingen 2011, 427.

die Israeliten vor dem drohenden Untergang bewahrt.[8] Pinchas erhält deshalb die Verheißung:

> „Hiermit gebe ich ihm einen Bund des Friedens. Und er sei für ihn und seine Nachkommen ein Bund des ewigen Priestertums, weil er für seinen Gott eiferte und die Israeliten entsühnt hat."[9]

Jahwe insistiert mit seinem Eifer auf seiner Heiligkeit und bestraft den Abfall Israels zu fremden Göttern.[10] Indem Pinchas eben diesen Eifer Gottes zu seinem eigenen macht, bewirkt er die Entsühnung des Volkes, wo Mose so kläglich versagt hatte, und erhält durch die Bundeszusage ein besonderes Gottesverhältnis.

Die Perikope schließt aber nicht friedlich mit dieser Heilszusage, sondern – vermutlich ein Zusatz aus späterer Hand, der aber eine große Wirkungsgeschichte hatte – mit dem Befehl Gottes zu einem militärischen Präventivschlag gegen die Midianiter. Ihnen wird die Schuld am Abfall der Israeliten zum Baal Peor gegeben und als weitere Begründung wird der Verdacht, dass die Midianiter den Tod der Fürstentochter Kosbi rächen könnten, angegeben.[11] Wenig später – in Num 31 – zieht dann Pinchas als Priester mit dem Heer in den Heiligen Krieg gegen die Midianiter.[12]

---

[8] Vgl. zur Auslegung SEEBASS, Numeri, 120.

[9] Num 25,12–13.

[10] Ex 20,5; 34,14; Dtn 4,24; 5,9 u. ö.

[11] In Num 31,8 gehört ihr Vater Zur zu den „Königen" der Midianiter.

[12] Er begleitet den Heerbann mit den heiligen Geräten und Musikinstrumenten. In der Nacherzählung des Josephus, Ant 4,159.162 ist er der führende General.

Das Vorgehen des Pinchas gegen Simri und seine Belohnung ist der *locus classicus* im Pentateuch für das ewige Priestertum des Pinchas aufgrund seines Eifers. Dieser Text wurde korrigiert und gedeutet in Ps 106,28–31:

„Sie unterjochten sich dem Baal Peor und aßen Totenopfer.
Sie reizten ihn (Gott) durch ihre Taten,
da brach die Plage über sie herein.
Doch Pinchas trat fürbittend ein,
so wurde die Plage zum Stillstand gebracht.[13]
Und es wurde ihm als Gerechtigkeit angerechnet,
von Geschlecht zu Geschlecht in Ewigkeit."[14]

Psalm 106 verzichtet auf die Erwähnung von Eifer und Totschlag, Pinchas ist hier neben Mose der Interzessor, dessen Fürbitte die Israeliten in der Wüste vor der verdienten Todesstrafe rettet.[15] Der Friedensbund des ewigen Priestertums, den Pinchas auf Grund seiner „Eifertat" erhält, weil Israel durch sie entsühnt wurde, wird nun verstanden als die Gewährung der göttlichen Gerechtigkeit für alle Zeit.[16]

---

[13] Vgl. zur Übersetzung B. Janowski, Psalm CVI, 28–31 und die Interzession des Pinchas, VT 33,2 (1983), 337–248 (243).

[14] Übersetzung Janowski, Psalm CVI, 239. Vgl. zum „als Gerechtigkeit angerechnet werden" Feldmeier/Spieckermann, Gott, 294.

[15] Ps 106,23: „Und er sprach, dass er sie vertilgen werde, wäre nicht Mose gewesen, sein Erwählter. Der trat in die Bresche vor ihn, um seinen Zorn abzuwenden vom Vernichten." Dazu Janowski, Psalm CVI, 244: Pinchas ist „neben Mose ... der große Interzessor der Wüstenzeit, der sich zum Anwalt der abtrünnigen Israeliten machte und diese vor den tödlichen Auswirkungen des Gotteszornes bewahrte." Ps 106 ist abhängig von Num 25; s. auch B. N. Fisk, Do You Not Remember? Scripture, Story and Exegesis in the Rewritten Bible of Pseudo-Philo, JSPs.S 37, Sheffield 2001, 13; Seebass, Numeri, 127–128.

[16] Feldmeier/Spieckermann, Gott, 294.452.

Beide Texte – Num 25 und Ps 106 – werden miteinander verbunden aufgenommen in Sirachs „Lob der Väter":

„23 Und weiter Pinchas, der Sohn des Eleasar,
in Vollmacht erhielt er als dritter das Erbe in Herrlichkeit
wegen seines *Eifers* für den Gott des Alls,
und weil er eintrat in den Riß seines Volks.
Welcher seinem Herzen bereitwillig folgte
und Sühne erwirkte für die Israeliten.
24 Darum richtete er auch ihm eine Ordnung auf,
einen Bund des Friedens, um das Heiligtum zu versorgen,
dass ihm und seinen Nachkommen gehören solle
das Hohepriesteramt in Ewigkeit."[17]

Der Eifer des Pinchas für Gott – der Enkel des Weisheitslehrers Sirach gibt dies in seiner Übersetzung ins Griechische wieder mit „Eifer in der Furcht des Herrn" – lässt ihn als Mittler für das Volk eintreten und Sühne erwirken. Der ihm für seinen Eifer geschenkte Bund des Friedens ist eine neue Ordnung (חק) und bezieht sich nun auf das Hohepriesteramt, nicht mehr einfach das Priestertum, für Pinchas und seine Nachkommen.[18]

---

[17] Sir 45,23–24. Zur Rekonstruktion des hebräischen Textes und zur Übersetzung vgl. auch G. SAUER, Jesus Sirach, JSHRZ III/5, Gütersloh 1981, 619–620; weiter JANOWSKI, Psalm CVI, 241.

[18] Weil Pinchas mit diesem Bund das Hohepriestertum erhielt, schließt ben Sira ganz gegen seine sonstige chronologische Ordnung im „Lob der Väter" den Bund mit David an. Dabei ist der Bund mit Pinchas wie der mit Aaron wichtiger als der mit David. Sirach vertritt auf diese Weise das Konzept einer doppelten Leitungsspitze für das Volk: der Hohepriester und neben ihm untergeordnet der König. Vgl. zum bikephalen Ideal A. M. SCHWEMER, Jesus Christus als Prophet, König und Priester, in: M. HENGEL/DIES., Der messianische Anspruch Jesu und die Anfänge der Christologie, WUNT 138, Tübingen 2001, 165–230 (176–181). Der Enkel ben Siras kürzt auf der einen Seite und lässt חק

2. Zur Eliatradition

Wenden wir uns, bevor wir weitere Belege für die alttestamentlich-jüdische Pinchas-Tradition ansehen, der Gestalt des zweiten Eiferers[19] schlechthin im Alten Testament, dem Propheten Elia, zu. Nachdem der Prophet über Israel eine Hungersnot auf Gottes Geheiß bewirkt und wieder aufgehoben und die Baalspropheten bei der Opferprobe am Karmel erfolgreich besiegt hatte, wurde er immer noch verfolgt. Deshalb klagt Elia am Horeb:

„Ich habe mich mit höchstem Eifer eingesetzt (*qan'o qin'eti*) für Jahwe, den Gott der Heere. Denn die Israeliten haben dich (bzw.

---

bei der Übersetzung weg, weil er dies wie ברית in der Regel mit διαθήκη wiedergibt, und vereinfacht zu διαθήκη εἰρήνης (vgl. Num 25,12 LXX), aber er übersetzt auf der anderen Seite korrigierend und ergänzend in V. 24a und schreibt statt „um das Heiligtum zu versorgen": προστατεῖν ἁγίων καὶ λαοῦ αὐτοῦ „um das Heiligtum (bzw. die Heiligen) und sein Volk zu regieren". Damit erhält Pinchas neben dem Hohenpriesteramt auch die Herrschaft über das Volk, was der hasmonäischen Vereinigung der beiden höchsten Ämter in einer Person zu dieser Zeit entspricht, denn der Enkel übersetzt z. Z. der Herrschaft von Johannes Hyrkan. Aus diesem Grund streicht er die zweite Erwähnung des Pinchas beim Lob auf Simon den Gerechten (50,24). Der Großvater wünscht, dass bei Simon Gottes Treue „feststehen" möge „und er möge ihm erhalten den Bund des Pinchas ... und seinen Nachkommen, so lange der Himmel steht." Dieser Wunsch ist für den Enkel hinfällig geworden mit der Vertreibung der zadokidischen Oniaden aus dem Hohenpriesteramt, das nun die Hasmonäer einnehmen. Entsprechend wandelt der Enkel den Schluss des „Lobes der Väter" ab in eine allgemeine Bitte um Frieden und „Loskauf", ohne Simon und Pinchas zu erwähnen. HAYWARD, Phinehas, 30, sieht die Erwähnung des Pinchas durch „redemption" ersetzt, was dann zu Elia hinführe.

[19] Auch Jehu wird in 2 Kön 10,16 als Eiferer beschrieben; das erscheint im Kontext nur als ein Ausfluss von Elias Eifer, auch wenn es ursprünglich umgekehrt war; s. o. Anm. 1. Zu Josias Eifer s. u.

deinen Bund) verlassen, deine Altäre haben sie niedergerissen und deine Propheten mit dem Schwert getötet."[20]

Diese Klage erhält durch die Konstruktion mit dem Infinitivus absolutus, *qan'o qin'eti*, eine starke Betonung des Eifers[21], sie wird zudem wiederholt. Trotz Elias unermüdlichem Eifer ist Israel von seinem Gott abgefallen und hat seine Kultstätten zerstört. In deuteronomistischer Sprache: Sie haben den Bund verlassen und die Gebote übertreten. Sie haben alle Propheten getötet, nur Elia allein ist übriggeblieben. War der Eifer des Pinchas in Num 25 mit blutiger Gewalttat verbunden, so ist es der des Propheten erst recht: Er hatte 450 Baalspropheten eigenhändig getötet und als Antwort auf seine Klage von Gott den Auftrag erhalten, Hasael zum König von Damaskus zu salben und Jehu zum König von Israel sowie Elisa zu seinem Nachfolger im Prophetenamt. All das bedeutet weiteres Blutvergießen:

„Wer dem Schwert Hasaels entkommt, den wird Jehu töten, und wer dem Schwert Jehus entkommt, den wird Elisa töten."[22]

Alle die zu Baal abgefallen sind, werden den Königen und dem Propheten, die Gott als Gerichtswerkzeuge eingesetzt hat, „nicht entrinnen", nur 7000 Israeliten werden

---

[20] 1 Kön 19,10.14. Übersetzung W. THIEDE, Könige, BKAT IX/2,3, Neukirchen / Vluyn 2007, 217.

[21] Vgl. W. THIEDE, Könige, BKAT IX/2,4, Neukirchen / Vluyn 2009, 275: „Das Verb קנא, dem schon von seiner Bedeutung her ein emphatischer Charakter eignet, erfährt durch die Konstruktion mit dem inf. abs. (nur hier und in V. 10 belegt) eine besondere Betonung." Vgl. 276: die Klage dient zur Unschuldserklärung und erhält einen „emphatischen Ton".

[22] 1 Kön 19,17.

gerettet, die ihre „Knie nicht vor Baal gebeugt haben".[23] Wenn sich Israel anderen Göttern zuwendet, ist Gottes heiliger Eifer herausgefordert.[24]

Bei diesem blutigen Eifer des Elia bleibt es in der alttestamentlichen Tradition nicht. Elia starb nicht, sondern wurde im feurigen Wagen entrückt und deshalb erwartete man seine Wiederkehr.[25] In Mal 3,23–24 ist der Prophet der endzeitliche Versöhner, der wiederkommen wird, um die Herzen der Väter den Söhnen wieder zuzuwenden und

---

[23] 1 Kön 19,18; dazu THIEDE, Könige, 288–294. Vgl. Röm 11,5 dazu u. S. 42–43.

[24] Dem entspricht der Auftrag des Propheten, so wie es vom Priester Pinchas in der literarisch jüngeren Stelle Num 25,11 ausdrücklich festgestellt wird: Er muss eifern an Gottes Stelle. Zur heutigen Diskussion um das „Gewaltpotential des Monotheismus" vgl. die Beiträge in: S. Grillmeyer / E. Müller-Zähringer / J. Rahner (Hg.), Eins im Eifer? Monismus, Monotheismus und Gewalt. Fragen der Zeit 4, Würzburg 2010; F. CRÜSEMANN, Gottes leise Stimme gegen Gewalt im Namen Gottes, BiKi 66 (2011), 208–214; eine pauschale Religionskritik findet sich bei P. SLOTERDIJK, Gottes Eifer. Vom Kampf der drei Monotheismen, Frankfurt a. M. / Leipzig 2007; vgl. R. DEINES, Gab es eine jüdische Freiheitsbewegung? Martin Hengels „Zeloten" nach 50 Jahren, in: HENGEL, Zeloten, ³2011, 401–448 (446, Anm. 90).

[25] 2 Kön 2,1–12; vgl. dazu J. E. WRIGHT, The Ascension of Elijah in Biblical and Extrabiblical Traditions, in: E. G. Chason / R. A. Clements / D. Satran (Hg.), Things revealed: Studies in early Jewish and Christian literature in honor of Michael E. Stone, SVTPs 19, Leiden u. a. 2004, 123–138, der gute Gründe dafür anführt, dass die ursprüngliche Geschichte von einer Translation Elias an die Enden der Erde bzw. in das Paradies zu den Unsterblichen, die vor der Sintflut auf der Erde gelebt hatten wie Henoch und Utnaphishtim (Gilgameschepos XI, 190–195), erzählte, und dass die Vorstellung von Elias Auffahrt in den himmlischen Bereich Gottes erst in hellenistischer Zeit entstand und die ältere Tradition, die sich bis zu „the ancient Mesopotamian speculation that the extreme ends of the earth is where immortalized antediluvian sages live" (219) zurückführen lässt, verdrängte.

den Zorn Gottes zu besänftigen schon vor dem endgültigen Gericht am Tag Jahwes:

„Siehe, ich sende euch Elia, den Propheten,
vor dem Tage JHWHs, des großen und furchtbaren,
damit er hinwende das Herz von den Vätern zu den Söhnen
und das Herz von den Söhnen zu den Vätern,
damit – wenn ich komme – ich nicht schlagen muß
das Land in Bann."[26]

Diese Erwartung knüpft an das Gebet Elias in 1 Kön 18,36–37 an, wo Elia um das Opferfeuer bittet, damit das Volk erkennt, dass Jahwe der wahre Gott ist und er das Herz des Volkes zur Umkehr wendet, sowie vermutlich auch an das Bekenntnis Elias: „Ich bin nicht besser als meine Väter" in 1 Kön 19,4.[27]

In Sirachs „Lob der Väter"[28] ist Elia der „Prophet wie Feuer", der die Hungersnot über die Israeliten brachte, sie dezimierte in seinem *Eifern.* Er verschloss den Himmel und bekam am Sinai göttliche Strafbefehle, er salbte zwei Könige und einen Propheten zu seinem Nachfolger, im Wirbelsturm wurde er entrückt und steht für die Endzeit bereit, um Gottes Zorn zu beschwichtigen. Mal 3,23–24 wird aufgenommen und der wiederkehrende Elia erhält

---

[26] Zur Übersetzung vgl. A. MEINHOLD, Maleachi, BKAT XIV/8,6, Neukirchen/Vluyn 2006, 401.

[27] Vgl. dazu MEINHOLD, Maleachi, 420: er war der Prophet, der „schon einmal in Sachen Herzenswandlung Israels erfolgreich war"; J. WERLITZ, Vom feurigen Propheten zum Versöhner. Ein Überblick über die biblischen Eliatexte mit Schwerpunkt auf dem Alten Testament, BiKi 66 (2011), 190–200 (197). Zu Elias Gebet vgl. auch Jak 5,17.

[28] Sir 48,1–12. Elia erhält ein ausführliches Enkomium, das längste für einen Propheten bei Ben Sira.

zugleich mit der Versöhnung der Generationen die Aufgabe, die Stämme Israels aufzurichten.[29] Der abschließende Makarismus

„Glückselig, wer dich sieht, bevor er stirbt,
denn du wirst ihm das Leben zurückgeben, und er wird wieder leben“[30],

bindet die Hoffnung auf Teilhabe am ewigen Leben an die Schau Elias, des Propheten, der ja selbst nicht starb.[31] Da aber unglücklicherweise nur die beiden ersten Worte von V. 11a vollständig hebräisch erhalten sind, bleibt die Rekonstruktion des „Urtextes“ eine *crux interpretum*.[32]

---

[29] S. dazu H. GESE, Zur Bedeutung Elias für die biblische Theologie, in: J. Ådna/S.J. Hafemann u.a. (Hg.), Evangelium – Schriftauslegung – Kirche. Festschrift für Peter Stuhlmacher zum 65. Geburtstag, Göttingen 1997, 126–150 (147).

[30] Zur Übersetzung und Rekonstruktion s. É. PUECH, La croyance des Esséniens en la vie future: Immortalité, résurrection, vie éternelle? I. La résurrection des morts et le contexte scripturaire, EtB 21, Paris 1993, 74–75; vgl. auch U. KELLERMANN, Elia Redivivus und die heilszeitliche Auferstehung der Toten, in: K. Grünwaldt/H. Schroeter (Hg.), Was suchst du hier Elia? Ein hermeneutisches Arbeitsbuch, Hermeneutica 4, Rheinbach/Merzbach 1995, 72–84; GESE, Elia, 142; A.M. SCHWEMER, Die Elijagestalt im Wandel der Zeiten, BiKi 66 (2011), 229–233; dazu jetzt P.C. BEENTJES, Reconstructions and Retroversions: Chances and Challenges to the Hebrew Ben Sira Text, in: J.-S. Rey/J. Joosten (Hg.), The Texts and Versions of the Book of Ben Sira. Transmission and Interpretation, JSJ Supplement 150, Leiden/Boston 2011, 23–35 (29–30).

[31] So GESE, Elia, 147.

[32] So BEENTJES, Reconstructions, 30, der betont, dass der Vorschlag von Émile Puech, den ich in deutscher Übersetzung oben wiedergegeben habe, immer noch der wahrscheinlichste sei. Vgl. dazu im selben Band den Beitrag von J.-S. REY, L’espérance post-mortem dans les différentes versions du Siracide, 257–279 (263–364); weiter

Die griechische Übersetzung drückt jedenfalls ganz klar die Verbindung Elias mit der Hoffnung auf die allgemeine Auferstehung der Frommen aus:

„Selig, die dich sehen und in Liebe entschlafen sind!
Denn auch wir werden im Leben leben."[33]

Bei Sirach fehlt die Schilderung der Auseinandersetzung Elias mit dem Fremdkult der Israeliten. Wir erfahren nicht, warum das Volk so schrecklich bestraft wurde. Dies ist alles unter die Stichworte „Feuer", „Dezimieren" und „Eifer" subsumiert. Umso mehr wird Elias „Feuereifer" gerühmt:

„Wie furchtbar warst du, Elia!
Wer so ist, wie du warst, möge sich rühmen!"[34]

Seine Vorbildfunktion im Eifer wird damit ausdrücklich hervorgehoben. Elia zog mit seinem Strafgericht einen Schlussstrich unter den Abfall Jerobeams (und seiner Nachfolger), „der selbst sündigte und (Nord)Israel sündigen ließ."[35] Entsprechend groß ist Elias Bedeutung für die

---

bemerkt im selben Band R. J. Owens, Christian Features in Peshitta, 177–196, für die syrische Version (195): „I prefer to assume that the Syriac is in some way alluding to Elijah's raising the widow's son." Das wäre eine typisch sekundäre christliche Korrektur, denn vom Sohn der Witwe war ja schon in 48,5 die Rede, sagt aber leider nichts über den hebräischen Text.

[33] Zur Übersetzung vgl. Meinhold, Maleachi, 423. Zum Makarismus s. besonders den Abschluss des 4. Sibyllenbuches, das um 80 n. Chr. abgefasst wurde: „187 Die aber fromm sind, werden wiederum auf der Erde leben … 192 O glückselig der Mann, der zu jener Zeit leben wird." (Übersetzung H. Merkel, Sibyllinen, JSHRZ V/8, Gütersloh 1998, 1115).

[34] Sir 48,4; zur Übersetzung vgl. Sauer, Jesus Sirach, 626.

[35] Sir 47,23; zur Übersetzung vgl. Sauer, Jesus Sirach, 625.

endzeitliche Wiederherstellung Israels. Diese Restitution des Volkes umfasst auch die Toten, deren leibliche Auferstehung erwartet wird.[36]

3. Pinchas und Elia als Vorbild im Eifer

Die Taten von Elia und Pinchas gerieten im Laufe der alttestamentlichen Überlieferung nicht in Vergessenheit. Elia hatte schon bei Maleachi eine eschatologische Funktion erhalten. Die Bedeutung beider Gestalten verstärkte sich weiter im Laufe des 2. Jahrhunderts v. Chr. In den frühjüdischen Schriften finden wir ab der Hasmonäerzeit eine neue Nuance: Beide werden hervorgehoben als Vorbilder im Eifer für das Gesetz und Gottes Bund mit Israel.[37]

3.1 Das 1. Makkabäerbuch

Der makkabäische Freiheitskampf richtete sich nicht nur gegen die seleukidische Fremdherrschaft, sondern zielte in erster Linie auf die Wiederherstellung des Jahwekultes im

---

[36] Zur Entstehung der Vorstellung von der Auferstehung der Toten im Judentum ab der spätpersischen Zeit s. M. HENGEL, Das Begräbnis Jesu bei Paulus und die leibliche Auferstehung aus dem Grabe, in: F. Avemarie / H. Lichtenberger (Hg.), Auferstehung – Resurrection. The Fourth Durham-Tübingen Research Symposium: Resurrection, Transfiguration and Exaltation in Old Testament, Ancient Judaism and Early Christianity (Tübingen 1999), WUNT 135, Tübingen 2001, 119–183; zitiert nach dem Nachdruck in: DERS., Studien zur Christologie. Kleine Schriften IV, hg. v. C.-J. Thornton, WUNT 201, Tübingen 2006, 386–450 (417–439).

[37] S. dazu umfassend HENGEL, Zeloten, 151–234 (= 150–229).

Land, auf die Beseitigung des „Greuels der Verwüstung"[38] auf dem Altar des Tempels, das Ende des Opferzwangs und der von Antiochus IV. geforderten Herrscherverehrung[39], auf die Wiedereinführung der Beschneidung und der Heiligung des Sabbats und damit auf das Ende der Religionsnot unter Antiochus IV. Epiphanes. Bei diesem Kampf für Bund und Gesetz hat das Vorbild der beiden Eiferer Pinchas und Elia eine besondere Rolle gespielt. Diesen Eindruck unterstreicht das 1. Makkabäerbuch, das von einem Hofhistoriker der Hasmonäer gegen Ende des 1. Jahrhunderts v. Chr. abgefasst wurde und u. a. die Übernahme des Hohenpriester- und Herrscheramtes durch die neue Dynastie rechtfertigt, die mit diesem Befreiungskampf an die Macht kam. Die Hasmonäer waren weder zadokidischer noch davidischer Herkunft, also eigentlich nach dem Gesetz nicht berechtigt, die höchsten Ämter zu beanspruchen. Der Verfasser löst dieses Problem, indem er zeigt, dass es nur durch den Kampf der Makkabäer möglich war, dass das Gesetz überhaupt erhalten blieb, und sie sich mit ihrem Eifer für das Einhalten des Ge-

---

[38] Dan 8,11–13; 9,27; 11,31.

[39] 2 Makk 6,7: „Mit bitterem Zwang wurden sie am Geburtstag des Königs allmonatlich zum Opferschmaus geschleppt" (Übersetzung: C. Habicht, 2. Makkabäerbuch, JSHRZ I/3, Gütersloh ²1979, 230); vgl. 11,13; Dan 6,8; Jud 3,8 u. ö.; s. dazu Hengel, Zeloten, 104, Anm. 2 (= 104, Anm. 122); C. Elsas, Argumente zur Ablehnung des Herrscherkults in jüdischer und gnostischer Tradition, in: C. Elsas / H. G. Kippenberg (Hg.), Loyalitätskonflikte in der Religionsgeschichte. Festschrift für Carsten Colpe, Würzburg 1990, 269–281 (272).

setzes[40] als die wahren Nachfahren des Hohenpriesters Pinchas[41] erwiesen hätten, der zudem ebenfalls als Priester an der Spitze des Heeres in den Heiligen Krieg gegen die Midianiter gezogen war. Wie die charismatischen Führergestalten der Richterzeit gehen die Makkabäer gegen die Feinde vor, aber auch das Vorbild von Davids Aufstieg klingt in der Darstellung des 1. Makkabäerbuches an.

Das Signal zum Aufstand gab der Priester Mattathias, der Vater der fünf makkabäischen Brüder, indem er sich dem Opferzwang verweigerte und mit Eifer einschritt, als ein Israelit das vom König befohlene Götzenopfer auf einem heidnischen Altar in Modein ausführen wollte. Er tötete zuerst den Israeliten, dann den königlichen Beamten, der das Opfer beaufsichtigte, und zerstörte den Altar:

„... er eiferte für das Gesetz, wie es Pinchas gegenüber dem Zambri / Simri dem Sohn des Salom getan hatte. Und Mattathias rief mit lauter Stimme in der Stadt: ‚Jeder, der eifert für das Gesetz und steht zum Bund, soll herauskommen und mir nachfolgen'."[42]

Es bleibt nicht bei der einen Eifertat; die Makkabäer richten sich nach dem Vorbild des Pinchas, der sich zuerst gegen die Sünder im eigenen Volk wandte, bevor er gegen Midian mit der Truppe in den Krieg zog:

„Und sie stellten ein Heer auf und erschlugen die Sünder in ihrer Wut und die Männer, die sich gegen das Gesetz stellten, in ihrem Zorn. Und wer übrig blieb floh zu den Heiden, um gerettet zu

---

[40] S. dazu U. Mittmann-Richert, Einführung zu den historischen und legendarischen Erzählungen, JSHRZ VI/1,1, Gütersloh 2000, 32.

[41] 1 Makk 2,54: „*unser* Vater Pinchas", s. dazu u.

[42] 1 Makk 2,26–27.

werden. ... Und sie bewahrten das Gesetz vor den Heiden und vor den Königen und ließen dem Sünder nicht die Oberhand."[43]

Seine Forderung zum „Eifer" unterstreicht Mattathias noch einmal auf dem Sterbebett und ermahnt seine Söhne, nach dem Vorbild der Väter zu handeln:

„Jetzt, Söhne, eifert für das Gesetz und gebt euer Leben für den Bund unserer Väter."[44]

Besonders den Eifer des Pinchas hebt Mattathias hervor:

„Unser Vater Pinchas erhielt wegen seines Eiferns (ἐν τῷ ζηλῶσαι ζῆλον) den Bund ewiger Priesterschaft."[45]

Dass sich die Priesterschaft auf Pinchas als „Vater" und Urahn berufen kann, wird eigens betont.[46] Die einprägsame Formel ἐν τῷ ζηλῶσαι ζῆλον spielt auf die Übersetzung der Septuaginta von *b^{e}qan'o 'et qin'ati* mit ἐν τῷ ζηλῶσαι μου τὸν ζῆλον in Num 25,11 an – beziehungsweise weniger deutlich von *qan'o qin'eti* in 1 Kön 19,10.14, das die Septuaginta mit ζηλῶν ἐζήλωκα wiedergibt. Die Übersetzung von Num 25,11 wird hier bewusst ganz leicht abgewandelt mit ἐν τῷ ζηλῶσαι ζῆλον aufgenommen und

---

[43] 1 Makk 2,44–48; vgl. J. J. COLLINS, The Zeal of Pinehas, JBL 122 (2003), 3–21 (13).

[44] 1 Makk 2,50. Vgl. zur Betonung des Eifers in 1 Makk auch D. R. SCHWARTZ, From Moses' Song to Mattathias' Speech. On "Zeal for the Law" and *Heilsgeschichte* in the Second Century BCE, in: J. Frey/S. Krauter/H. Lichtenberger, Heil und Geschichte, WUNT 248, Tübingen 2009, 185–193.

[45] 1 Makk 2,54.

[46] HAYWARD, Phinehas, 24.31 bezieht dies auf den hasmonäischen Anspruch auf das Hohepriesteramt und dessen Rechtfertigung.

erscheint völlig identisch noch einmal bei der Erwähnung Elias wenige Verse später, um den Bezug zu verdeutlichen:

„Elia wurde wegen seines Eiferns (ἐν τῷ ζηλῶσαι ζῆλον) für das Gesetz in den Himmel hinaufgenommen."[47]

Die Reihe der Vorbilder beginnt in dieser Rede mit Abraham und schließt mit Daniel, aber nur bei Pinchas und Elia erscheinen Eifer, Bund und Gesetz, um die es ja nach dem Beginn dieser Abschiedsrede eigentlich gehen soll. Gerade die wörtliche Wiederholung des emphatischen ἐν τῷ ζηλῶσαι ζῆλον unterstreicht die enge Verbindung zwischen dem Programm des makkabäischen Freiheitskampfes und den alten Eiferern gegen den Fremdkult. Dieser „Eifer" wurde zu einem priesterlichen Ideal.[48] Aber rechtfertigt diese Parallelisierung in 1 Makk die Annahme, dass die Gleichsetzung von Pinchas mit Elia bis in die hasmonäische Zeit zurückgeht?[49]

---

[47] 1 Makk 2,58; vgl. WRIGHT, Elijah, 133–134, der eine ganze Anzahl Stellen für die Vorstellung für die Auffahrt zum Himmel in späterer Zeit anführt, aber auf den Aspekt des Eifers nicht eingeht.

[48] S. dazu D. GOODBLATT, Priestly Ideologies of the Judean Resistance, JSQ 3 (1996), 225–248; G. ARAN, The Other Side of Israelite Priesterhood: A Sociological-anthropological Perspective, in: D.R. Schwartz/Z. Weiss/R.A. Clements (Hg.), Was 70 CE a Watershed in Jewish History? On Jews and Judaism before and after the Destruction of the Second Temple, AJEC/AGAJU 78, Leiden/Boston 2012, 43–58.

[49] HAYWARD, Phinehas, 24.29, der betont, dass sich die Hasmonäer auf Pinchas als Stammvater beriefen, um ihre Hohepriesterschaft zu rechtfertigen (s.o. Anm. 46), gibt zu, dass 1 Makk 2,26.54.58 die Identifikation von Pinchas und Elia noch nicht vertritt, sondern stützt seine These vom hasmonäischen Ursprung der Tradition vor allem auf Targum Pseudo-Jonathan zu Dtn 33,11 (30–34) und seine Frühdatie-

Das 1. Makkabäerbuch beschreibt, wie alle fünf Söhne des Mattathias dem Wunsch ihres Vaters auf dem Sterbebett entsprechen und bereit sind, ihr Leben zu geben für ihr Volk und den Aufbau des jüdischen Staates im Eifer für Gesetz und Bund. Mit diesem Eifer ist seit der makkabäisch-hasmonäischen Zeit auch die Bereitschaft zum Martyrium verbunden und mit diesem die Hoffnung auf die Auferstehung der Toten.[50]

3.2 Der „Eifer" als Charakteristikum jüdischer Tora-Frömmigkeit seit der Makkabäerzeit

Als einen solchen verschärften Eifer verstand man ab der Mitte des 2. Jahrhunderts v. Chr. auch die Rache von Simeon und Levi an den Sichemiten für die Schändung ihrer Schwester Dina in Gen 34:

---

rung des Targums. Öhler, Elia, 25, Anm. 129 führt dagegen 1 Makk 2,54 neben Targum Pseudo-Jonathan für seine Annahme an, dass die Hasmonäer bereits die beiden Eiferer identifiziert haben. S. dagegen R. Adelman, The Return of the Repressed: Pirqe de-Rabbi Eliezer and the Pseudepigrapha, JSJ Supplement 140, Leiden / Boston 2009, 201, zitiert u. Anm. 166.

[50] Hengel, Zeloten, 261–277 (= 255–270) u. ö.; J. W. van Henten, The Maccabean Martyrs as Saviours of the Jewish People. A Study of 2 and 4 Maccabees, JSJ Supplement 57, Leiden / New York / Köln 1997; ders., Ruler or God? The Demolition of Herod's Eagle, in: J. Fotopoulos (Hg.), The New Testament and early Christian literature in Greco-Roman context. Studies in honor of David E. Aune, NT.S 122, Leiden / Boston 2006, 257–286; A. M. Schwemer, Prophet, Zeuge und Märtyrer. Zur Entstehung des Märtyrerbegriffs im frühesten Christentum, ZThK 96 (1999), 320–350.

„… Und der Same Levis wurde erwählt zum Priestertum … in Ewigkeit. Denn er *eiferte*, Gerechtigkeit zu tun und Gericht und Rache an allen, die sich erheben gegen Israel."[51]

Auf diese Weise erhielt bereits der Stammvater Levi das erbliche Priestertum wegen seines Eifers gegen alle Feinde Israels.[52]

Das Vorgehen von König Josia gegen den Fremdkult wird im syrischen Baruchbuch als eine Tat des Eifers gerühmt:

„Er reinigte das Land von seinen Götzen und heiligte alle Gefäße, die entweiht waren, und er gab die Opfer dem Altar zurück. … Die Priester führte er in ihren Dienst zurück, und er entfernte und vertrieb die Zauberer und Magier und Weissager aus dem Lande.

Er tötete nicht nur die Gottlosen, die noch am Leben waren, man holte auch die Gebeine der schon Gestorbenen aus den Gräbern und verbrannte sie im Feuer.

Er richtete die Feste und Sabbate wieder ein mit ihren heiligen Handlungen; Besudelte verbrannte er mit Feuer, dazu die Lügenseher, die das Volk verführten – auch sie verbrannte er mit Feuer …

Er *eiferte mit dem Eifer* des Mächtigen von ganzer Seele. Und er allein war stark in dem Gesetz in jener Zeit, so daß er niemanden übrig ließ, der nicht beschnitten war und gottlos handelte im ganzen Lande."[53]

Die Passage findet sich in den apokalyptischen Visionen dieses Buches, die „aus den Jahren vor der Tempelzer-

---

[51] Jub 30,17–18; vgl. Jdt 9,2–4; TestAss 4,3–5; TestLev 5,3; s. dazu HENGEL, Zeloten, 182–183 (= 180–181).

[52] Zu dieser Ausgestaltung von Gen 34 vgl. J. MAIER, Die alttestamentlich-jüdischen Voraussetzungen der Zelotenbewegung, BiKi 37 (1982), 82–89; HENGEL, Zeloten, 182–183.192–193 (= 180–181.189–190).

[53] 2 Bar 66,2–5; Übersetzung: A. F. J. KLIJN, Die syrische Baruch-Apokalypse, JSHRZ V/1, Gütersloh 1976, 167.

störung im Jahre 70 n. Chr. stammen"[54] müssen, und vom Verfasser aus älteren Quellen aufgenommen wurden. Schon Martin Hengel war aufgefallen, wie eng die Motivik in dieser Darstellung des Eifers – vor allem die Vernichtung der Gottlosen durch Feuer – mit Pseudo-Philos Liber antiquitatum biblicarum verwandt ist.[55]

In den *Vitae Prophetarum* hat sich zu Elia die Notiz erhalten, dass er entrückt wurde, weil er ein „*Eiferer* und genauer Hüter der Gebote Gottes" war; seine Aufnahme in den Himmel ist also – wie in 1 Makk 2,58 – die Belohnung für seinen Eifer. Elia ist in dieser Schrift natürlich wie Pinchas Priester und „kommt aus dem Stamm Aaron".[56]

Sehr viel mehr Quellen, als hier angeführt werden können, finden sich schon in Martin Hengels „Zeloten" gesammelt und eingehend interpretiert. Er zeigt, dass der „Eifer für das Gesetz" eine breite Grundströmung in der frühjüdischen Frömmigkeit seit der Makkabäerzeit darstellte.[57] Die „Zeloten" bildeten dabei gewissermaßen die extreme „linke" Spitze beziehungsweise den zelotischen Flügel der Pharisäer.[58] Zahlreiche Vorfälle in Palästina

---

[54] KLIJN, Baruch-Apokalypse, 112. Schon HENGEL, Zeloten, 186 (= 183–184) nahm an, dass sich hier „ein Stück zelotischer Schriftauslegung erhalten" hat.

[55] HENGEL, Zeloten, 186 (= 184, Anm. 184). Ausführlicher zu Pseudo-Philo, Liber antiquitatum biblicarum, s. u. Abschnitt 4.

[56] VitProph 21,1; s. A. M. SCHWEMER, Vitae Prophetarum, JSHRZ I/7, Gütersloh 1997, 647, Anm. 12a zur Überlieferung in der Rezension Ep2; 643 zur Herkunft Elias.

[57] HENGEL, Zeloten, 151–234 (= 150–229); vgl. auch K.-W. NIEBUHR, Heidenapostel aus Israel, WUNT 62, Tübingen 1992, 27.

[58] S. dazu ausführlich – vor allem zur Forschungsgeschichte – R. DEINES, Die Pharisäer. Ihr Verständnis im Spiegel der christlichen

z. Zt. Herodes' I., der Präfekten und Prokuratoren, aber auch der Herrscher aus dem herodianischen Königshaus, die durch den Kaiserkult oder durch Provokationen durch römische Soldaten veranlasst wurden, führten zum Protest der Bevölkerung, aber auch zum gewaltsamen Einschreiten zum Schutz der Tora, wie es für den „Eifer" typisch war.[59] Wenn Paulus an die Korinther schreibt, „ich eifere um euch mit göttlichem Eifer", so sieht er sich „als Werkzeug des göttlichen Eifers".[60] Dieser ζῆλος war – ebenso wie seine einstige Haltung als „Eiferer für die Überlieferungen meiner Väter", mit der er die junge, christliche Gemeinde in Jerusalem verfolgte[61] – ein Teil seines pharisäischen Erbes. Sein Vorgehen gegen die Urgemeinde gehörte zu den innerjüdischen Auseinandersetzungen um die Geltung der Tora.[62] In Röm 11,3–5 führt er die Anklage des Pro-

---

und jüdischen Forschung seit Wellhausen und Graetz, WUNT 101, Tübingen 1997, 642 Index s.v. „Zeloten als Abspaltung von den Pharisäern".

[59] S. dazu Hengel, Zeloten, 188 (=185); zu den verschiedenen Vorfällen vgl. M. Hengel/A. M. Schwemer, Jesus und das Judentum. Geschichte des frühen Christentums, Bd. 1, Tübingen 2007, 66–112 u.ö.; jetzt P. Bilde, Der Konflikt zwischen Gaius Caligula und den Juden über die Aufstellung einer Kaiserstatue im Tempel von Jerusalem, in: A. Lykke/F. T. Schipper (Hg.), Kult und Macht. Religion und Herrschaft im syro-palästinischen Raum. Studien zu ihrer Wechselbeziehung in hellenistisch-römischer Zeit, WUNT II/319, Tübingen 2011, 9–48; vgl. auch u. Anm. 146.150.

[60] 1 Kor 11,2; s. dazu Hengel, Zeloten, 185 (= 182).

[61] Gal 1,13–14: καθ' ὑπερβολὴν ἐδίωκον τὴν ἐκκλησίαν τοῦ θεοῦ καὶ ἐπόρθουν αὐτήν, ... περισσοτέρως ζηλωτὴς ὑπάρχων τῶν πατρικῶν μου παραδόσεων. Phil 3,6: κατὰ ζῆλος διώκων τὴν ἐκκλησίαν, κατὰ δικαιοσύνην τὴν ἐν νόμῳ γενόμενος ἄμεμπτος.

[62] Niebuhr, Heidenapostel, 20; vgl. J. Frey, Das Judentum des

pheten Elia vor Gott gegen Israel und die Antwort Gottes als Beispiel an. Gott gibt dem Eiferer Elia nicht Recht, sondern erklärt, dass er – trotz des Ungehorsams und Abfalls – einen erwählten Rest übrig gelassen habe. Es wäre falsch, Paulus als ehemaligen „Zeloten" zu bezeichnen und in ihm ein Mitglied der „Vierten Partei" zu sehen,[63] aber er teilte die oben genannte frühjüdische Grundhaltung, die Frömmigkeit des Eifers und der Treue gegenüber Gott und seinem Gesetz, die Paulus selbst an dieser Stelle mit dem Begriff „Judaismos" bezeichnet.[64] Paulus hatte jedoch sein einstiges Gesetzesverständnis und die Form des gewaltbereiten Eifers, mit dem er die Gemeinde verfolgt hatte, durch Gottes Eingreifen bei seiner Berufung als falsch erkannt.[65]

3.3 Die unterschiedliche Behandlung von Pinchas bei Philo von Alexandrien und Flavius Josephus

Während Philo von Alexandrien noch ganz unbefangen den Eifer des Pinchas mehrmals lobend und nicht nur allegorisch auslegend erwähnt und das 4. Makkabäerbuch

---

Paulus, in: O. Wischmeyer (Hg.), Paulus. Leben – Umwelt – Werk – Briefe, UTB 2767, Tübingen/Basel 2006, 5–43 (10–11).

[63] Gegen dieses Missverständnis s. NIEBUHR, Heidenapostel, 34–35.

[64] Der Begriff „Judaismos" entstand in der Makkabäerzeit im Gegensatz zu „Hellenismos" und bezeichnet die jüdische Lebensweise entsprechend den Forderungen der Tora. Insofern umfasst er auch den „Eifer" im weitesten Sinn. Vgl. dazu NIEBUHR, Heidenapostel, 34–35.

[65] Vgl. Röm 10,2; Apg 22,3; HENGEL, Zeloten, 63, Anm. 5; 182, Anm. 1; 184–185.231.386 (= 65, Anm. 295; 179, Anm. 155; 182–183.226.377); FREY, Paulus, 11.

den Eiferer Pinchas als Vorbild der Märtyrer nennt,[66] übergeht Josephus den „Eifer“ von Pinchas und Elia mit Schweigen, obwohl er beide ausführlich behandelt und äußerst positiv schildert.[67] Er schreibt nach dem 1. Jüdischen Krieg, in dem nach seiner Überzeugung dieser „Eifer“, für den Pinchas und Elia die Vorbilder waren, missbraucht wurde und ins Unglück führte. Im Abschnitt über Pinchas vermeidet er den Terminus und schreibt vom „höchsten Schmerz“, den Pinchas über die Tat Simris empfand, weshalb er beschloss, die Strafe selbst auszuführen, um weitere Gesetzesübertretungen zu verhindern. Breit schildert Josephus die Verführung der israelitischen Jünglinge zur Apostasie durch die midianitischen Mädchen, die ihnen die Vorzüge heidnischer Lebensweise derart anpreisen, dass diese „die väterlichen Gesetze übertreten“, an eine Vielzahl von Göttern glauben und ihnen opfern.[68] Die verhältnismäßig lange, freche und blasphemische Rede Simris gegen Mose und dessen Gesetzestyrannei, die Josephus ihm in den Mund legt und mit der Simri seine Apostasie begründet, erscheint besonders auffällig.[69] Vielleicht

---

[66] Philo, All 3,242: ὁ ζηλώσας τὸν ὑπὲρ θεοῦ ζῆλον ... τὸν σειρομάστην τουτέστι τὸν ζηλωτικὸν λόγον λαβών …; Conf 57; vgl. Mut 108; VitMos 1,301–304; vgl. 1,306.313; Post 182. Elia erwähnt Philo nur einmal in seiner Genesisauslegung als Parallele zur Entrückung Henochs. Vgl. dazu Goodblatt, Ideologies, 245–246; D. Ortlund, Phinehan Zeal: A Consideration of James Dunn's Proposal, JSPE 20 (2011), 299–315.

[67] Zu Pinchas: Josephus, Ant 4,152–159; 5,104 f. 111–114.119–120 u.ö.; zu Elia: 8,319–417; 9,20–28.33 u.ö.

[68] Josephus, Ant 4,139.

[69] Josephus, Ant 4,145–149; die Argumente Simris werden denen entsprechen, die die jüdischen Zeitgenossen des Josephus für ihren Abfall von den väterlichen Gesetzen angeführt haben; vgl. dazu

sollte diese Akzentverschiebung u. a. dazu dienen, das Motiv des „Eifers" zu ersetzen, denn er lobt ja auf der anderen Seite die Person des Pinchas und seinen tapferen Einsatz in den höchsten Tönen.[70] Um es noch einmal zu betonen: Durch den Missbrauch, den nach der Ansicht des Josephus die Aufständischen mit diesem „Eifer" getrieben und sich nach dem Vorbild von Pinchas und Elia den Ehrennamen „Eiferer" selbst gegeben hatten, war dieser für ihn obsolet geworden.[71] So verschweigt er, dass Pinchas und Elia sowohl bei den Makkabäern wie bei den Zeloten die Vorbilder im „Eifer" waren. Etwas halbherzig erwähnt er nur noch den Aufruf des Mattathias zum *Eifern*[72] und vermeidet das Stichwort in seiner Wiedergabe von Mattathias' Abschiedsrede, betont jedoch die Bereitschaft zum Martyrium.[73] Josephus kennt das 1. Makkabäerbuch und verwendet es als Quelle für seine Darstellung dieser Zeit, umso mehr fällt auf, dass er nicht erwähnt, dass Mattathias sich auf Pinchas und Elia berufen hat. Sein Schweigen lässt sich nur damit erklären, dass er nicht mitteilen will, dass der Kampf der Makkabäer und ihre Berufung auf Pinchas und Elia das Vorbild waren im jüdischen Aufstand gegen Rom und die „Zeloten" sich mit ihrer Selbstbezeichnung an dieses erfolgreiche Vorbild wiederum anschlossen.

H. L. Feldman, Josephus's Interpretation of the Bible, Berkeley u. a. 1998, 49.137: „Indeed, the speech of Zambrias seems to reflect the arguments of assimilated Jews of Josephus's own days."

[70] Josephus, Ant 4,152–155.

[71] Josephus, Bell 4,160–161; 7,270; dazu Hengel, Zeloten, 67–68.175–176 (= 69.174).

[72] Josephus, Ant 12,271.

[73] Josephus, Ant 12,279–284.

Josephus war selbst als junger Priester aus vornehmer Familie beteiligt an den Vorgängen in Jerusalem, als im Jahr 66 das Opfer für den Kaiser eingestellt und das Vorgehen gegen diesen Fremdkult zum Fanal für den Aufstand wurde.[74] Als Kommandeur bereitete er Galiläa auf den Angriff der Römer vor und leitete dabei unter anderem auch einen „Bildersturm" ein, dem der königliche Palast des Antipas in Tiberias wegen gesetzwidriger Tierdarstellungen zum Opfer fiel.[75] Nach der Eroberung von Jotapata durch Vespasian ergab er sich jedoch in römische Gefangenschaft. Seine Entscheidung gegen das Martyrium durch kollektiven Suizid in dieser Situation begründete er später mit einer göttlichen Offenbarung. Er kam zu der Überzeugung, dass Gott jetzt Rom, das das 4. Reich Daniels darstellt, die Weltherrschaft übergeben hat. Die eschatologische Hoffnung, dass dieses 4. Reich nach Gottes Willen vergehen und die Gottesherrschaft sich nach Gottes Plan durchsetzen wird beim Umbruch der Äonen und der

---

[74] Josephus, Bell 2,408–410: „Gleichzeitig gelang es auch dem damaligen Tempelhauptmann Eleazar, Sohn des Hohenpriesters Ananias, einem verwegenen jungen Mann, die im Tempel diensttuenden Hohenpriester zu überreden, sie sollten von Nichtjuden keine Gaben oder Opfer mehr annehmen. Damit war der Grund zum Krieg gegen die Römer gelegt; denn so verwarfen sie das für diese und den Kaiser dargebrachte Opfer" (Übersetzung: O. MICHEL/O. BAUERNFEIND, Flavius Josephus. De Bello Judaico. Der jüdische Krieg. Griechisch und Deutsch, Bd. I, München [2]1962, 263–265). Vgl. dazu M. BERNETT, Der Kaiserkult in Judäa unter den Herodiern und Römern, WUNT 203, Tübingen 2007, 328–331.349–351.

[75] Josephus, Vita 65–66 (Flavius Josephus, Aus meinem Leben [Vita]. Kritische Ausgabe, Übersetzung und Kommentar, von F. SIEGERT, H. SCHRECKENBERG, M. VOGEL, Tübingen 2001, 46).

Auferstehung der Toten, teilte er mit vielen seiner Landsleute.[76] Bereits dieser erste jüdische Versuch, die Herrschaft Roms gewaltsam abzuschütteln, war gründlich gescheitert. Dennoch wurde der gewaltsam-kriegerische Widerstand gegen Rom noch nicht aufgegeben. Die Unruhen, die die nach Ägypten und der Kyrenaika geflüchteten Sikarier dort hervorriefen, und der Aufstand in der Diaspora unter Trajan gehörten zu den direkten Nachwehen.[77] Der Aufstand unter Hadrian in den Jahren 132–136 brach nicht zufällig aus, sondern als sich der Zeitpunkt der 70 Jahre nach der Tempelzerstörung durch Titus näherte. Die Verheißung der Frist von 70 Jahren in Jeremia 25,11–12 und 29,10–11 wurde – neben anderen Texten wie vor allem Dan 9,24 – auch auf die Zerstörung des Zweiten Tempels bezogen und auf die Zeit des Wiederaufbaus des Tempels gedeutet.[78] Erst die völlig katastrophale Niederlage im Bar Kochba-Aufstand erzwang ein grundsätzliches Umdenken im Verhalten gegenüber der römischen Oberherrschaft. Aber dass sich die Gottesherrschaft nicht mit „Eifer" herbeizwingen lässt, war schon eine Einsicht des Historikers

---

[76] Vgl. A. M. Schwemer, Die Gottesherrschaft bei Josephus, in: Frey / Krauter / Lichtenberger (Hg.), Heil und Geschichte, 75–101.

[77] Vgl. A. M. Schwemer, Der jüdische Aufstand in der Diaspora unter Trajan, in: F. Albrecht / R. Feldmeier / T. Georges (Hg.), Alexandria. COMES, Tübingen 2013 (im Druck).

[78] S. dazu die vorzügliche Untersuchung R. Deines, How Long? God's Revealed Schedule for Salvation and the Outbreak of the Bar Kokhba Revolt, in: A. Lange / K. F. D. Römheld / M. Weigold (Hg.), Judaism and Crisis. Crisis as a Catalyst in Jewish Cultural History, SIJD 9, Göttingen 2011, 201–234.

Josephus, die er aus dem Scheitern der jüdischen Freiheitsbewegung im 1. Jahrhundert gewonnen hatte.[79]

Josephus schreibt die Katastrophe, die dieser Aufstand über sein Volk brachte mit der Zerstörung Jerusalems und des Tempels, hauptsächlich der Religionspartei zu, die mit ihrem Eifer für die Einzigkeit des einen Gottes keinen irdischen Menschen als Herrn – oder gar Gott – anerkennen wollte. Diese „vierte Philosophie", deren Anhänger sich den Ehrennamen „Eiferer", *qannaʾim* bzw. ζηλωταί, gaben, hatte mit dem Scheitern des von ihnen getragenen 1. Jüdischen Krieges gezeigt, wie gefährlich und letztlich aussichtslos ein derartiger „Eifer" war.[80]

Wenn in 4 Makk 18,12 Pinchas als Eiferer ὁ ζηλωτής und Vorbild der Märtyrer erwähnt wird, so weist das doch wohl in die Zeit vor dem Krieg. Nach 70 hätte ein jüdisch-hellenistischer Autor kaum Pinchas als ὁ ζηλωτής gepriesen. Schon aus diesem Grund leuchtet die heute verbreitete Spätdatierung um 100 n. Chr. (oder noch später) nicht ein. Nach dem 1. Jüdischen Krieg fehlte bei gebildeten Juden die Unbefangenheit gegenüber diesem „Eifer".[81] Aber auch

---

[79] Deines, Freiheitsbewegung, 421: „Die nachfolgende Geschichte hat seine Sicht … bestätigt." Vgl. ders., How Long?, 201–234.

[80] Zum Problem der Einheitlichkeit der jüdischen Freiheitsbewegung s. die Zusammenfassung der Forschungsgeschichte in der Auseinandersetzung mit Martin Hengels „Zeloten" bei Deines, Freiheitsbewegung.

[81] S. dazu M. Hengel/A. M. Schwemer, Paulus zwischen Damaskus und Antiochien. Die unbekannten Jahre des Apostels, WUNT 108, Tübingen 1998, 294. Roland Deines danke ich für seinen brieflichen Hinweis, dass in Jak 5,17 betont wird, dass Elia „nur ein Mensch war und seine wirksamste Waffe das Gebet", was – wenn man der Frühdatierung des Briefes von Martin Hengel ins Jahr 60 folgt – „möglicher-

der Name „Pinchas" scheint später seltener geworden zu sein.[82]

Einen „Pinchas" wählten die zelotischen Priester zu Beginn des 1. Jüdischen Krieges zum Hohenpriester. Sie machten Schluss mit den hochpriesterlichen Clans, die seit Herodes dem Großen das Hohepriesteramt in Besitz hatten. Vermutlich war dieser Pinchas aus zadokidischer Familie, sein Name weist darauf hin.[83]

Vielleicht hat Malalas diesen Hohenpriester verwechselt. In seinem recht verworrenen Bericht zum 3. Jahr des Caligula hat sich die Notiz erhalten, in Antiochien am Orontes sei es zu einem Pogrom gekommen und die Synagogen verbrannt worden, aber der Priester Pinchas aus Tiberias sei plötzlich mit einer großen Schar von bewaffneten Juden und Galiläern erschienen und hätte viele Antiochener getötet und sei siegreich wieder abgezogen. Daraufhin habe der Kaiser die in Antiochien verantwortlichen Senatoren bestraft. In Tiberias habe er den Pinchas als Anführer enthaupten und viele Juden und Galiläer umbringen lassen. Das Haupt des Pinchas habe er vor den Mauern Antiochiens auf eine Lanze gespießt aufstellen lassen. Bei diesen „Galiläern" in der Stadtchronik von

---

weise auch eine Warnung gegenüber radikalen Elia-Interpretationen enthalten" könnte. Aber gerade diese Stelle könnte m. E. ein Argument für die Spätdatierung sein.

[82] T. Ilan, Lexicon of Jewish Names in Late Antiquity. Part I. Palestine 330 BCE–200 CE, 206–207.449 nennt nur vier Belege für Personen, die diesen Namen nach 70 n. Chr. erhalten haben, während er vorher in priesterlichen Familien wesentlich häufiger (17 Belege) gewesen war.

[83] Josephus, Bell 4,147–157; Ant 20,227.

Antiochien, die Malalas vermutlich als Quelle diente, wird es sich um „Zeloten" und nicht um Christen handeln.[84]

4. Die Gleichsetzung von Pinchas und Elia im Liber antiquitatum biblicarum

Der früheste Beleg für die Gleichsetzung von Pinchas und Elia findet sich in Pseudo-Philo, Liber antiquitatum biblicarum.[85] Diese Schrift wurde in hebräischer Sprache in den Jahren zwischen 80 n. Chr. und 130 n. Chr.[86] ver-

[84] Malalas 10,20 (ed. Dindorf, 244–245; ed. Thurn, 185–186); zur Übersetzung s. Johannes Malalas. Weltchronik, übersetzt v. J. Thurn † und M. Meier (bearb.), eingeleitet, kommentiert und herausgeben von C. Drosin u. a., BGrL 69, Stuttgart 2009, 253–255; vgl. auch Hengel/Schwemer, Paulus, 282. In 10,24 (ed. Dindorf, 247; ed. Thurn, 187) schreibt Malalas jedoch, die Christen hätten unter ihrem Bischof Euodius († um 69 n. Chr.) den Namen Christianoi erhalten, nachdem sie vorher Nazoräer und Galiläer geheißen hatten. Hier hat sich Malalas nachweislich geirrt, denn Apg 11,26 weist ebenfalls in das Jahr 40, das 3. Jahr des Caligula, und nicht in die Anfangsjahre des Claudius, wie Malalas meint.

[85] Textausgabe von Harrington: D. J. Harrington/J. Cazeaux, Pseudo-Philon, Les Antiquités Bibliques 1. Introduction et Textes Critiques, SC 229, Paris 1976; zur Gleichsetzung von Pinchas und Elia s. M. Hengel, Zeloten, 168–172 (= 165–171); C. Dietzfelbinger, Pseudo-Philo, Antiquitates Biblicae, JSHRZ II/2, Gütersloh 1975, 230 f., Anm. d; H. Jacobson, A Commentary on Pseudo-Philo's Liber Antiquitatum Biblicarum with Latin Text and English Translation. 2 Bde., AGAJU 31, Leiden/New York/Köln 1996, 1060–1061; Adelman, Return, 201–203.

[86] Eine Datierung um 100 n. Chr. haben u. a. Hengel, Zeloten, 169 (= 167) und Dietzfelbinger, Pseudo-Philo, 95–96 vertreten. Als Gründe für eine Datierung vor 70 n. Chr. könnte man anführen: Die Zerstörung des Salomonischen Tempels wird nur kurz angedeutet,

fasst, sie blieb nur lateinisch erhalten und wurde Philo von Alexandrien zugeschrieben. Es handelt sich um eine

---

aber nicht so ausgestaltet, dass man die typische Ineinssetzung der Zerstörung des Ersten und des Zweiten Tempels deutlich erkennen kann. Man könnte zudem erwarten, dass die Zerstörung des Zweiten Tempels, wenn der Autor auf sie zurückblicken würde, einen ganz anderen Niederschlag in dieser Schrift gefunden haben und sich dann auch etwas von der Hoffnung auf den Wiederaufbau nach 70 Jahren erkennen lassen müsste. Zu Josephus, 4 Esr, der etwas jüngeren Apokalypse 2 Bar und den Paralipomena Jeremiae vgl. DEINES, How Long?, 217–226. LAB 26,13 erwähnt die Rettung und Aufbewahrung der Edelsteine des Ephods und der Tafeln des Gesetzes vor der Zerstörung des Salomonischen Tempels; die verbreitete Tradition vom Retten und Verbergen der Tempelgeräte ist aber nicht erst nach der Zerstörung des Zweiten Tempels entstanden; s. A. M. SCHWEMER, Studien zu den frühjüdischen Prophetenlegenden. Vitae Prophetarum I, TSAJ 49, Tübingen 1995, 204–207 zu Eupolemos (Euseb, PraepEv 9,39,2–5 [SC 369, 330–333 ed. DES PLACES]); 2 Makk 2,4–5; VitProph 2,9–14; 2 Bar 6,4–10 u. ö.; JACOBSON, Commentary, 199–210 plädiert für eine Entstehung im 2. Jahrhundert n. Chr.: “It seems to me that the general tone of LAB suggests a time of catastrophe and gloom. It is not impossible that the work postdates not only the fall of Jerusalem … but the failure of the Bar-Cochba revolt as well” (208); auf der anderen Seite meint FISK, Remember, 34–53.170 nach einer ausgewogenen Diskussion der Argumente für und wider: “At the end of the day, we must settle for uncertainty” (39) und “the evidence for a pre-70 composition of LAB is far from decisive; the fact that this sequence ends with the Temple destroyed, rather than rebuilt, might support a post-70 date” (170, Anm. 107); M. GOODMAN, Religious Reactions to 70: The Limitations of the Evidence, in: D. R. Schwartz / Z. Weiss / R. A. Clements (Hg.), Was 70 CE a Watershed in Jewish History? On Jews and Judaism before and after the Destruction of the Second Temple, AJEC / AGAJU 78, Leiden / Boston 2012, 509–516 (513) weist jetzt wieder auf die Unsicherheit bei der Datierung dieser Schrift hin und verzichtet auf eine solche. Soviel Skepsis ist nicht nötig. Die Schrift gehört wie die verwandten Texte 4 Esr, 2 Bar und Paralipomena Jeremiae in die Zeit zwischen dem 1. Jüdischen Krieg und dem Bar Kochba-Aufstand und wurde in Palästina verfasst. So auch R. DEINES, The Pharisees

Nacherzählung der Geschichte Israels von Adam bis zum Tod Sauls. Das Hauptgewicht liegt auf der Richterzeit.[87] Interessant sind an diesem Werk besonders die zahlreichen haggadischen Überlieferungen, die zum Teil weit von ihrem biblischen „Leittext" abweichen und in der späteren rabbinischen Literatur als Auslegungstraditionen wieder erscheinen.[88]

Das zentrale Thema ist der andauernde Abfall Israels zu fremden Göttern, der nicht erst mit dem Goldenen Kalb, sondern schon in der Urgeschichte der Menschheit beginnt,[89] dem aber dennoch immer die Bundestreue Gottes entgegensteht. Gott bestraft den Bundesbruch der

---

Between "Judaisms" and "Common Judaism", in: D.A. Carson/P.T. O'Brien/M.A. Seifrid (Hg.), Justification and Variegated Nomism I, WUNT 140, Tübingen 2001, 443–504 (486): "It may best be characterized as a book of consolation in the time between the two revolts which seeks to encourage the nation to wait for God's intervention."

[87] Erzählt wird mit einem auffallend engen Geflecht von Rückblenden und Nachträgen, auch Prophezeiungen für die Zukunft fehlen nicht. Zum jüdischen Charakter dieses Erzählstils mit „Rückgriff auf Nichterzähltes" s. E. Reinmuth, Pseudo-Philo und Lukas. Studien zum Liber Antiquitatum Biblicarum und seiner Bedeutung für die Interpretation des lukanischen Doppelwerks, WUNT 74, Tübingen 1994, 3.93–111.152–154 u.ö.; Fisk, Remember, 30–31; vgl. auch J.H. Choi, Traditions and Odds. The Reception of the Pentateuch in Biblical and Second Temple Period Literature, Library of Hebrew Bible/Old Testament Studies 518, New York/London 2010, 150–157.

[88] Dazu M. McNamara, Targum and New Testament. Collected Essays, WUNT 279, Tübingen 2011, 350–354.

[89] Bereits Tubal/Tobel (Gen 4,22), der Sohn Lamechs und erste Schmied, erfindet mit der Metallbearbeitung auch die Herstellung von Götzenbildern, die von den Erdenbewohnern angebetet werden (LAB 2,9): *Et tunc ceperunt habitantes terram facere sculptilia et adorare ea*; vgl. Choi, Traditions, 154–155.

Israeliten, erinnert sich aber dann jeweils an den Bund, den er „mit seinen Söhnen" am Sinai schloss, und befreit sein Volk:

„Von der Stunde an, wenn Israel in Bedrängnis gerät, sollst du diese Zeugen [d.h. Himmel und Erde] zusammen mit den Dienern [d.h. Sonne, Mond und Sterne] anrufen, und sie werden eine Gesandtschaft zum Höchsten bilden. Und er wird eingedenk sein jenes Tages [d.h. des Bundesschlusses am Sinai] und die befreiende Kraft (*liberationem*) seines Bundes senden."[90]

Bei der Errichtung des Goldenen Kalbes in der Wüste weist Gott auf den künftigen, jüdischen Tempel in Jerusalem und zugleich auf dessen Ende hin. Der Tempel steht also von vornherein unter einem schlechten Vorzeichen: Er wird

„seinerseits wieder niedergelegt werden …, weil sie sündigen werden gegen mich. ‚Und es wird mir das Geschlecht der Menschen sein wie ein Tropfen am Krug, und wie Speichel wird es geachtet sein' (Jes 40,15)."[91]

Sicher ist hier nicht nur an die Zerstörung des salomonischen Tempels, sondern auch an das Ende des von König Herodes I. im großen Stil ausgebauten Zweiten Tempels

[90] LAB 32,8 und 32,14. Dazu J. R. Levison, Torah and Covenant in Pseudo Philo's Liber antiquitatum biblicarum, in: F. Avemarie / H. Lichtenberger (Hg.), Bund und Tora. Zur theologischen Begriffsgeschichte in alttestamentlicher, frühjüdischer und urchristlicher Tradition, WUNT 92, Tübingen 1996, 111–127 (116).

[91] LAB 12,4: *Et nunc quoque relinquam eos, et conversus iterum concordabor eis ut edificetur mihi domus in eis, que et ipsa iterum deponetur propter quod peccaturi sunt in me. Et erit mihi hominum genus tamquam stillicidium urcei, et tamquam sputum estimabitur*. Zur Übersetzung vgl. Dietzfelbinger, Pseudo-Philo, 134.

gedacht. Dieser König war den Frommen als gottlos äußerst verhasst. Ein Hinweis auf den Wiederaufbau des Tempels fehlt, obwohl auf diesen nach der Zerstörung im Jahr 70 die Optimisten gehofft hatten. Es wäre denkbar, dass diese Gottesrede ältere Prophezeiungen tradiert und festhält, die von der zukünftigen Verwerfung des Zweiten Tempels sprachen. Es gab Unheilspropheten, die seinen Untergang und den der Stadt ankündigten wie Jesus ben Hananja, der „sieben Jahre und fünf Monate lang" ohne Unterbrechung seine Weherufe über die Stadt ausgerufen hat, bis ihn eine römische Ballistenkugel während der Belagerung getötet hat.[92] Auch die Tempelweissagung Jesu in Mk 13,2 gehört zu den Erwartungen einer endzeitlichen, endgültigen Zerstörung des herodianischen Tempels.

Gott fällt in LAB 12,4 gegen die Israeliten dasselbe Gerichtsurteil wie über die heidnischen Erbauer des Turms zu Babel.[93] Die Israeliten übertreten durch ihre Idolatrie den Bund und Gottes Gebote, sie geraten deshalb in schwere Katastrophen, erleiden Niederlagen in Kriegen. Schuld ist jeweils der Fremdkult der Israeliten, auf den Abfall folgt Gottes Strafe, aber sie erleben immer wieder die Befreiung aus der Not dank Gottes Gedenken an seinen Bund und

---

[92] Josephus, Bell 6,300–309; es gab seit der Eroberung des Tempels durch Pompeius die Befürchtung, dass die Römer ihn zerstören würden. Zu Jesus ben Hananja s. HENGEL/SCHWEMER, Jesus und das Judentum, 119–120; vgl. 578.591.596 u. ö.

[93] JACOBSON, Commentary, 489 sieht hier ebenfalls einen Hinweis auf die Zerstörung des Zweiten Tempels. Jes 40,15 klingt auch in LAB 7,3 bei der Beschreibung von Gottes Reaktion auf die Errichtung des babylonischen Turms an; vgl. auch LAB 19,15; Jes 40,15 wird ebenso in 4 Esr 6,26; 2 Bar 82,5 zitiert; vgl. JACOBSON, Commentary, 377–379.

seinen Beistand unter der Führung charismatischer Rettergestalten.

Zugleich durchzieht das Thema „Eifer" diese Schrift wie ein roter Faden. Der Terminus „Eifer / Eifern" wird natürlich auch für das menschliche Laster der Eifersucht und des Neides verwendet.[94] Auffällig ist die Betonung, die auf dem Eifer Gottes liegt und auf dem Eifer, den Gott von den Israeliten erwartet beim Kampf gegen ihre eigene Idolatrie.

4.1 Der Eifer Gottes

Amram, der Vater Moses, erinnert – angesichts des Befehls des Pharao, dass alle männlichen Neugeborenen Israels getötet werden sollen – an den Bund Gottes mit Abraham und den Vätern und die Väterverheißung.[95] Amram spricht dabei die Hoffnung aus, dass Gott sich für die Israeliten

---

[94] In LAB 8,11 geht es – gegen DIETZFELBINGER, Pseudo-Philo, 149 – nicht um den fürsorglichen Eifer Gottes um sein Volk, sondern um die Eifersucht der Heiden auf Israel. Vgl. 20,5: Mose war nicht eifersüchtig; 32,1–2: die Engel sind eifersüchtig auf Abraham, deshalb befiehlt Gott ihm, Isaak zu opfern; 50,5: Hanna will vermeiden, dass Penina noch mehr eifersüchtig auf sie wird; 59,4: Kain erschlägt Abel aus Eifersucht und David sagt, seine Brüder seien eifersüchtig auf ihn gewesen; 62,1: Saul ist eifersüchtig auf David und will ihn töten; 62,11: Jonathan bittet David, den schlimmen Eifer Sauls zu vergessen; 64,8: Samuel sagt zu Saul, „weil dein Inneres geeifert hat (*zelata*), wird von dir genommen, was dein ist", nämlich sein Leben und das Leben seiner Söhne. Saul antwortet: „Siehe, ich gehe mit meinen Söhnen, um zu sterben. Ob mein Untergang die Sühne für meine Sünden ist?"

[95] Er erinnert aber auch an die Tat Tamars, die sich lieber mit ihrem Schwiegervater „vermischte", als sich mit Heiden zu „vermischen" (LAB 9,5). Zur Endogamie vgl. auch B. EGO, Buch Tobit, JSHRZ II/6, Gütersloh 1999, 892; CHOI, Traditions, 171–173.

ereifern werde (*zelabitur*). Dies findet Gottes Gefallen. Er lobt Amram, dass er den Bund nicht zerstörte, und verheißt ihm, dass er Mose seinen „Bund zeigen werde" und „die Rechtssatzungen und Urteile und das ewige Licht, dass es ihm leuchte."[96]

Dieses ewige Licht, das Gesetz, wird in seiner feierlichsten Form, dem Dekalog, ausführlich zitiert und später mit einer langen Paraphrase noch einmal. Der Ausschließlichkeitsanspruch Gottes kommt so zum Ausdruck:

> „Ich bin der Herr, dein Gott, ein eifernder (*zelans*) Gott, der vergilt die Sünden der entschlafenen Gottlosen an den lebenden Söhnen, wenn diese in den Wegen ihrer Eltern gehen."[97]

Der einschränkende Bedingungssatz ist Zusatz zu Ex 20,5 und unterstreicht wie schon Ez 18,1 die persönliche Verantwortung eines jeden Einzelnen. Am Ende des Buches spricht Gott von seinem Zorneseifer, mit dem er Saul befohlen hatte, an Amalek den Bann zu vollziehen.[98]

4.2 Der Götzendienst der Israeliten

Mit „Eifer" sollen die Israeliten dem Fremdkult begegnen. Jephta eiferte (*zelaret*) gegen seine Brüder, als sie Götzendienst trieben, und die ihn deshalb aus dem Land verjagt hatten.[99] Anschließend geraten die Israeliten in Not, aber Gott vergibt ihnen und lässt sie durch Jephta befreien.

---

[96] LAB 9,8: Mose wird das Gesetz übergeben werden als das „ewige Licht".

[97] LAB 11,6.

[98] LAB 58,1.

[99] LAB 39,2.

Gott befreit sein Volk (*liberans liberabo* – wieder steht dahinter ein hebr. Infinitivus absolutus) aber nicht um Jephtas willen, denn dieser hatte inzwischen ja seine Tochter durch sein leichtsinniges Gelübde geopfert, sondern wegen des Gebets, das Israel gesprochen hatte.[100]

Es ist nicht immer nötig, dass das Stichwort *zelo* verwendet wird. Im Kampf gegen Gesetzesverstoß und Idolatrie ist Kenas aus dem Stamm Kaleb, der Nachfolger Josuas und der erste Richter, besonders erfolgreich. Kenas ist keine völlig freie Erfindung des Autors.[101] Die Legendenbildung um seine Gestalt hängt mit der Eroberung des idumäischen Gebiets durch die Hasmonäer nach 128 v. Chr. zusammen.[102] Bei Pseudo-Philo ist Kenas fraglos Judäer, aber seine Töchter erhalten Erbbesitz in idumäi-

---

[100] LAB 39,11. Die spätere rabbinische Haggada tadelt hier Pinchas: Er hätte als Hoherpriester Jephta von seinem Gelübde entbinden können, und so wurde ihm zur Strafe der heilige Geist genommen; s. dazu GINZBERG, Legends IV, 46.61; vgl. HENGEL, Zeloten, 174 (= 172) zu Bereschit Rabba 60,3 und den Parallelen.

[101] Das vermutete dagegen D. MENDELS, Pseudo-Philo's Biblical Antiquities, the "Fourth Philosophy", and the Political Messianism of the First Century C.E, in: J. H. Charlesworth u. a. (Hg.), The Messiah. Developments in Earliest Judaism and Christianity, Minneapolis 1992, 261–275 (272).

[102] Kenas, der Edomiter (Gen 36,11.15.42), und der Judäer (Jos 15,17–19; Ri 1,13; 1 Chron 4,13.15) werden miteinander identifiziert. Er wird in den Vitae Prophetarum erwähnt. In dieser Gestalt sind der Judäer und Bruder Kalebs mit dem Edomiter Kenas zusammengewachsen. In der Grabhöhle dieses Kenas wird nach den Vitae Prophetarum der Prophet Jona ehrenvoll beigesetzt. Diese befindet sich auf idumäischem Territorium – es galt als das Stammesgebiet von Simeon. S. dazu SCHWEMER, Vitae Prophetarum, 620–621.

schem Gebiet.[103] So wird hier die Verbindung zwischen Kenas und Idumäa noch festgehalten.

Die Israeliten fragten damals Gott, ob sie Krieg führen sollten gegen die Philister, und bekommen zur Antwort

> „Wenn ihr mit reinem Herzen hinaufzieht, kämpft, aber wenn euer Herz verdorben ist, geht nicht hinauf."[104]

Mit einem Losverfahren stellt Kenas die Sünder fest und fragt sie anschließend, worin ihr Vergehen besteht. Die Leute aus seinem eigenen Stamm sagen, sie wollten das Goldene Kalb kopieren. Die aus Ruben geben an, sie wollten die Götter des Landes verehren. Die aus Levi, sie wollten untersuchen, ob das Zelt der Begegnung heilig sei oder nicht. Issachar gesteht, sie wollten die Dämonen der Götzenbilder untersuchen, ob sie klare Orakel geben. Zebulon wollte das Fleisch seiner Kinder essen, um zu sehen, ob Gott sich darum kümmert. Asser hat die sieben goldenen Jungfrauen (*nymphae*) der Amoriter gefunden und im Garizim verborgen.[105] Manasse sagt, sie hätten nur den Sabbat entweiht … etc. Schließlich haben Benjaminiten untersucht, ob Gott in der Tora tatsächlich selbst gesprochen oder Mose sich alles nur ausgedacht habe. Alle diese Frevel beziehen sich auf Fremdkult oder Missachtung des Gesetzes. Die Sünder werden verbrannt:

---

[103] LAB 29,2: Die älteste erhält „alles, was rings um das Land der Phönizier" liegt; die zweite den Olivenhain von Ekron und die dritte die Äcker, die um Aschdod liegen.

[104] LAB 25,1.

[105] LAB 25,10–11; 27,8. Zu den kostbaren Edelsteinen, mit denen sie geschmückt waren, s. 25,11–12; 26,2–8; sie stammen aus dem Paradies und haben ihr Pendant in den zwölf Steinen des hohepriesterlichen Ephods s. 26,8–15.

„Gott hat sie vernichtet, weil sie seinen Bund übertreten haben.“[106]

Aber dennoch besteht die Hoffnung, dass sie an der Auferstehung der Toten teilhaben werden, weil sie wie Achan freiwillig ihre „Bosheiten“ bekannten.[107]

Kenas' Nachfolger Zebul legt einen Tempelschatz an, in dem aber nichts enthalten sein darf, was mit Götterbildern zu tun hat, weil „der Herr nicht Greuel von Verfluchtem“ will.[108]

Trotzdem lassen sich die Israeliten wieder mit amoritischen Frauen ein und verehren deren Götter,[109] sie lassen sich von einem midianitischen Magier verführen, und Gott beschließt, sie den Midianitern als Sklaven auszuliefern.[110] Auch Gideons „Abgötterei“ wird nicht vergessen, er macht sich midianitische Idole und betet sie an.[111]

Jair baut dem Baal einen Tempel, seinem Opferzwang verweigern sich nur sieben Aufrechte, die sich auf die Gebote Deboras berufen.[112] Jair will sie verbrennen lassen, doch dem Feuer fallen alle Baalverehrer und der Baal selbst zum Opfer.[113]

---

[106] LAB 28,2.

[107] LAB 25,7; 28,2.

[108] LAB 29,3.

[109] LAB 30,1.

[110] LAB 34.

[111] LAB 36,3: vgl. Ri 8,24–27.

[112] LAB 38,1–2. In Ri 10,6–16 ist nicht Jair der Schuldige, sondern „die Israeliten taten wieder, was dem Herrn missfiel“.

[113] LAB 38,3–4. Der Engel des Herrn erklärt Jair vor seinem Tod, dass er für seine Bundesübertretung und seine Verführung des Volkes bestraft wird.

Kenas schlägt allein, weil die Israeliten seine äußerste Einsatzbereitschaft im Kampf bezweifeln und ihm die Gefolgschaft verweigern, mit Unterstützung von zwei Engeln – dem Engel Gethel, „gesetzt über die Augen", der die Feinde mit Blindheit schlägt, so dass sie sich gegenseitig umbringen, und dem Engel der Stärke, der die Arme des Kenas stärkte – eine gewaltige Schlacht gegen die Amoriter. Diese meinten, sie könnten mit leichter Hand mit den Israeliten fertig werden, weil ihre „heiligen Nymphen" Israel in ihre Hände ausliefern würden.[114] Kenas hört – unbemerkt – den Kriegsplan der Amoriter und reagiert auf diese gottlose Hybris mit Protest. Darin, dass er dank seiner Geistbegabung in den erfolgreichen Kampf zieht, wird die Anspielung auf die Tradition vom Heiligen Krieg besonders deutlich:

„Da stand Kenas auf, und es bekleidete ihn der Geist des Herrn, und er zog sein Schwert heraus."[115]

Nach der Vernichtung von 90.000 Männern möchte Kenas mit dem Töten aufhören, aber seine Hand lässt sich nicht vom Griff des Schwertes lösen, bis er sie in das warme Blut eines Feindes taucht. Israel lernt daraus, dass es bei dieser Kriegsführung nicht auf die Menge der Streiter ankommt, sondern auf die „Heiligung".[116]

---

[114] LAB 27,8.

[115] LAB 27,9 (Übersetzung DIETZFELBINGER, Pseudo-Philo, 180); vgl. 27,7. Vgl. G. VON RAD, Der Heilige Krieg im alten Israel, Göttingen [4]1965; ALBERTZ, Religionsgeschichte, 122–127.642.666.

[116] LAB 27,14: „Jetzt wissen wir, daß Gott, wenn er beschlossen hat, seinem Volk Heil zu schaffen, nicht der Menge bedarf, sondern der Heiligung." (Übersetzung: DIETZFELBINGER, Pseudo-Philo, 183).

Kurzum: Ich kenne keine andere frühjüdische Schrift, die derart massiv den Fremdkult der Israeliten anprangert und fordert, ihm mit Gesetzestreue zu widerstehen und mit Eifer gegen ihn vorzugehen.[117]

4.3 Der Eifer des Pinchas und seine Gleichsetzung mit Elia

Beide Themen, Israels Abfall zur Idolatrie und der Eifer dagegen, begegnen vereint in der Wiedergabe der Pinchasgeschichte. Pinchas erscheint zum ersten Mal am Sterbebett Josuas, der ihm weissagt:

> „Siehe, ich sehe jetzt mit meinen Augen die Übertretung dieses Volkes, womit sie den geraden Weg verlassen werden. Du aber stärke deine Hände in der Zeit, in der du bei ihnen bist."[118]

Auch an das Sterbebett des Richters Kenas wird Pinchas gerufen, der mit ihm und den anderen bei ihm versammelten Würdenträgern einen Bund schließt und sie ermahnt, Gottes Gebote und seinen Bund zu halten, womit an dieser Stelle der Sinaibund gemeint ist und nicht der Bund, den Pinchas in Num 25,12–13 erhielt.[119] Der Pinchas zugesagte Bund wird in LAB nie *expressis verbis* erwähnt.

Vgl. weiter R. Deines, Reinheit als Waffe im Kampf gegen Rom. Zum religiösen Hintergrund der jüdischen Aufstandsbewegung, in: H.-P. Kuhnen u. a. (Hg.), Mit Thora und Todesmut. Judäa im Widerstand gegen die Römer von Herodes bis Bar-Kochba, Stuttgart 1994, 70–87; ders., Pharisees, 486–487.

[117] Die nächste Parallele stellt 2 Bar 66 mit König Josia als Eiferer gegen den Götzendienst dar; dazu Hengel, Zeloten, 186 (= 183–184) und o. S. 40, Anm. 53.

[118] LAB 24,4.

[119] LAB 28,2; vgl. dazu Levison, Torah, 115–116 und u. Anm. 130.

Pinchas amtiert als Hoherpriester sehr lange Zeit, bis er Eli in Silo zum Priester salbt.[120] Bereits Josua hatte den kommenden ernsten Konflikt am Ende dieser Phase von Pinchas' Wirken, „die Übertretung dieses Volkes" (24,4), vorausgesehen und ihn auf dem Sterbebett zur Tatkraft ermahnt.

Als sich Pinchas nach Ablauf seiner überlangen Lebenszeit, die das bei Pseudo-Philo dem Menschen gesetzte Maß von 120 Jahren weit überstiegen hat, zum Sterben niederlegen will, da befiehlt ihm Gott:

„Und nun steh auf und geh dort hin, und wohne in Danaben[121], auf einem Berg, und bleibe dort wohnen für viele Jahre. Und ich

---

[120] LAB 48,2; 50,3; 52,2. Auf Pinchas geht damit die Priesterschaft der Eliden zurück – nicht abstammungsmäßig, so wie ja auch Samuel durch Adoption der legitime Nachfolger Elis wird. Auf den Hohenpriester Pinchas wird auch eine priesterliche Tradition zurückgeführt, die Eli dem kleinen Samuel mitteilt: Wenn man im Schlaf – im Tempel – auf dem rechten Ohr hört, so ist es Gottes Stimme, wenn mit dem linken, dann die eines Engels (LAB 53,6).

[121] LAB 48,1: *habita in Danaben in monte*. Der Ort galt früher als nicht identifizierbar. Zu den verschiedenen Vorschlägen, Rückübersetzungen und Konjekturen vgl. Jacobson, Commentary, 1061; Hayward, Phinehas, 27–28 bezieht den Ortsnamen auf Jub 38,16: „Und es herrschte in Edom Balak, der Sohn des Bear, und der Name seiner Stadt war Danaba"; auch in Gen 36,32 LXX erscheint der erste König von Edom als „Bala Sohn des Beor (Βεώρ), seine Hauptstadt ist Δεννάβα; s. Septuaginta I. Genesis, ed. J. W. Wevers, Göttingen 1974, 348. Hayward erschließt daraus recht hypothetisch, dass die Identifizierung von Pinchas und Elia verbunden sei mit Balak und Bileam. Alle diese Vermutungen werden unnötig durch den Tübinger Bibelatlas, der zwei Lokalisierungen bietet: S. Mittmann / G. Schmitt, Tübinger Bibelatlas. Tübingen Bible Atlas, Stuttgart 2001, verzeichnen unter dem Ortsnamen „Danaba" auf der Karte B VI 10 für die hellenistisch-römische Zeit: einmal „Danaba" mit den Koordinaten 265,1 und 251,2 (Palestine Grid) im Norden in der Batanaia und dann im Süden östlich

werde meinem Adler befehlen, und er wird dich dort ernähren, und du sollst nicht zu den Menschen hinabsteigen, bevor die Zeit kommt und du dich bewährst (*proberis*) in der Zeit, und du wirst den Himmel verschließen, und durch deinen Mund wird er geöffnet werden. Und danach wirst du erhöht werden an den Ort, wohin deine Vorfahren schon erhöht worden sind, und du wirst dort sein, bis ich der Welt gedenke. Und dann will ich euch herbeiführen, und ihr werdet etwas vom Tod schmecken (*gustabitis quod est mortis*).

Und Pinchas stieg hinauf und er tat alles, was der Herr ihm befahl."[122]

Die Identifikation verschiedener biblischer Gestalten ist nicht ungewöhnlich in der frühjüdischen Literatur, man erhielt dadurch genauere biographische Informationen und konnte Lücken in der biblischen Geschichtsdarstellung schließen. Dies lässt sich seit den Chronikbüchern beobachten.[123] Wir begegnen ihr aber auch in „volkstümlichen" Überlieferungen, etwa bei der Gleichsetzung von Elia mit Johannes dem Täufer. In unserem Falle werden

---

des Jordans an der Straße von Jericho nach Philadelphia zwischen Betharamtha / Libias und Esebon / Esbous mit den Koordinaten 218,6 und 134,1 (Palestine Grid), was Hirbat al-Mahatta entspricht; s. Register / Indices, 59. Die zweite Lokalisierung liegt nahe am Berg Nebo, auf dem Mose begraben liegt. Möglicherweise denkt LAB an den südlichen Ort in der Nähe des Nebo, der nördliche ist recht weit vom „Bach Krit" (1 Kön 17,2–3), an dem sich Elia aufhielt, entfernt.

[122] LAB 48,1–2. Zur Übersetzung vgl. Dietzfelbinger, Pseudo-Philo, 230–231.

[123] S. die Gleichsetzung des Schriftpropheten Micha mit Micha ben Jimla (1 Kön 22) in 2 Chron 18,27; dazu Schwemer, Vitae Prophetarum, 613, Anm. 1c.d. In LAB werden auch der Noahsohn Sem und Melchisedek miteinander identifiziert, was aus der langen Lebenszeit Sems erschlossen ist. Diese Gleichsetzung ist nicht nur in der späteren jüdischen Literatur breit belegt, sondern auch bei den Kirchenvätern bis hin zu Melanchthons Patrologie: De ecclesia et de autoritate verbi. Vgl. McNamara, Targum, 298–303.

die beiden Eiferer des Alten Testaments zu einer einzigen gewissermaßen potenzierten Eifergestalt vereint. Im erzählten Text geschieht dies durch die Übertragung von Motiven aus dem biblischen Eliazyklus auf Pinchas mit wörtlichen Anklängen. Aber statt der unreinen Raben ernährt Gottes Adler den Priesterpropheten. Das Schließen und Öffnen des Himmels zeigt, dass nur Elia gemeint sein kann, auch wenn sein Name nicht genannt wird. Eigenartig scheint, dass die Phase des irdischen Wirkens des Pinchas als Elia als eine Zeit der Bewährung bzw. Prüfung bezeichnet wird.[124] Warum muss sich der Eiferer Pinchas als Eiferer Elia noch einmal bewähren?

Die Geschichte des Benjaminiten Micha in Ri 17, der sich ein Gottesbild und ein Privatheiligtum machte, wird bei Ps-Philo besonders breit ausgestaltet um zu zeigen, dass Idolatrie die Wurzel von allem Bösen ist.[125] Micha macht sich auf den Rat seiner Mutter hin aus Gold je drei Statuen von „Knaben" (*pueri*) und Kälbern, dazu einen Löwen, einen Adler, eine Schlange und eine Taube, die er für einen einträglichen Orakelkult nutzt. Gott sagt daraufhin – wie vor der Sintflut –:

„Siehe, ich werde die Erde ausrotten und das ganze Geschlecht der Menschen vernichten, denn als ich die erhabenen Gesetze aufstellte auf dem Berg Sinai, zeigte ich mich den Söhnen Israels im Sturm

[124] LAB 48,1; vgl. in 11,14 wird Ex 20,20 zitiert: Mose sagt „Fürchtet euch nicht, um euch zu prüfen kam Gott, damit ihr die Furcht vor ihm empfangt, so dass ihr nicht mehr sündigt", bevor er zu Gott in die Wolke auf dem Berg steigt. In 25,9 begehen die Leviten den Frevel, dass sie prüfen wollen, ob das Zelt der Begegnung heilig sei.

[125] LAB 44.

und befahl ihnen, keine Götterbilder (*idola*) zu machen; und sie waren einverstanden, dass sie keine Bilder von Göttern meißelten."[126]

Gott geht die Gebote des Dekalogs durch – die Israeliten haben alle übertreten. Gott könnte den Stamm Benjamin ausrotten, weil er sich als erster von Micha verführen ließ, oder das Menschengeschlecht, wie er zuvor gesagt hat. Aber nein, er betont nun, dass er sich nicht zum Zorneseifer reizen lässt und nur jeder Sünder seine entsprechende Strafe erhält:

„Und jetzt soll das ganze Menschengeschlecht wissen, dass sie mich nicht eifernd machen (*zelabunt me*) mit ihren Erfindungen (von Götterbildern), die sie machen, dass aber jeder Mensch … Strafe erhalten soll. Mit welcher Sünde er sündigt, durch die soll er auch gerichtet werden."[127]

Im Anschluss daran folgt eine Paraphrase von Ri 19. Das Verbrechen an der Nebenfrau des Leviten in Gibea (bzw. Noba bei Pseudo-Philo) durch die Benjaminiten versetzt das gesamte Volk in große Bestürzung, aber so spricht Gott: Nicht über die Vergewaltigung und den Tod einer Frau, die nur die gerechte Strafe für ihren Ehebruch erhalten hatte, sollten sich die Israeliten ereifern, sondern über den Götzendienst des Micha, da hätten sie sich empören müssen. Gegen diesen Frevel richtete sich Gottes Zorn:

„Weil sie (Pinchas ist eingeschlossen) damals nicht eiferten (*non sunt tunc zelati*), deswegen gerate ihr Ratschluß zum Bösen, und es

[126] LAB 44,6.

[127] LAB 44,10; anders die Übersetzung von DIETZFELBINGER, Pseudo-Philo, 223.

wird ihr Herz bestürzt werden, damit mit den Sündern die vertilgt werden, die Böses tun."[128]

Zur Strafe führt Gott sie bei der Befragung mit Urim und Tummim, die der Hohepriester Pinchas ausführt, in die Irre, die Stämme ziehen in den Krieg und erleiden eine Niederlage gegen die Benjaminiten. So gerät Israel in höchste Not.

Pinchas tritt erneut in Aktion und betet:

„Gott unserer Väter, höre meine Stimme und verkünde deinem Knecht heute, ob es recht geschehen ist in deinen Augen oder ob das Volk gesündigt hat und du ihre Übeltaten verderben wolltest, damit du auch unter uns züchtigst, die gegen dich gesündigt haben.

Denn ich erinnere mich an meine Jugend, als Iambri sündigte in den Tagen des Mose, deines Dieners, da trat ich entschlossen ein und mit höchstem Eifer (*zelatus sum zelum)* in meinem Geist, und beendete das Leben beider mit meinem Schwert."[129]

Pinchas erinnert weiter daran, dass er bei seinem entschlossenen Handeln in Schittim sein Leben riskiert hat, als seine Landsleute ihn wegen seiner Tat umbringen wollten, und bittet dringlich um Antwort.

Gott antwortet, weil er sieht, dass Pinchas *attente* (konzentriert) betet. Er erinnert sich an seinen eigenen Schwur in Num 25,12–13 (?)[130] und gibt dem Volk Antwort auf

---

[128] LAB 45,6.

[129] LAB 47,1.

[130] In LAB 47,3 klingt in *per me iuravi dicit Dominus* Gen 22,16 an, der Schwur Gottes an Abraham bei der „Opferung" Isaaks: „Bei mir habe ich geschworen, spricht der Herr, weil du diese Tat getan hast und deinen Sohn nicht verschont hast." JACOBSON, Commentary, 1048 verweist darauf, dass der Ausdruck auch in Jer 22,5 und 49,13 begegnet. In Targum Neofiti, dem Fragmententargum und in Pseudo-Jonathan heißt es zu Num 25,12, dass Gott Pinchas einen Eid geschworen habe;

das Gebet des Pinchas hin. Pinchas tritt so wieder als Fürbitter ein wie in Ps 106 und bei Sirach. Aber jetzt im aktuellen Fall hatte Pinchas genauso wie das gesamte Volk versagt. Dies hält die Gottesrede an Pinchas noch einmal ausdrücklich fest:

> „Micha stand auf und bereicherte euch mit dem, was er und seine Mutter machten. Das waren böse und sehr schlechte Dinge, was noch niemand vor ihm erfunden hatte. … Und keiner hat geeifert (*nullus zelavit*), sondern alle seid ihr verführt worden."[131]

Pinchas ist mitschuldig, weil er gegen diesen Götzendienst nicht eingeschritten ist mit dem hierfür nötigen Eifer. Seine anstößige Untätigkeit gegenüber dem Götzendiener Micha wird von Gott gerügt, aber Pinchas darf sich als Elia am Karmel als vollkommener Eiferer bewähren und wird entrückt bis zu seiner endzeitlichen Wiederkunft.

Im Kontext des Liber antiquitatum biblicarum scheint so völlig klar, warum Pinchas mit Elia identifiziert wird. In Ri 20,28 beteiligt sich Pinchas an der Strafaktion gegen die Benjaminiten wegen der „Schandtat von Gibea", aber der Fremdkult des Micha in Ri 17 hatte bei ihm, dem damals amtierenden Hohenpriester, keinen Eifer hervorgerufen. Dieses Problem bedurfte der Erklärung und Korrektur. Wie konnte ein Hoherpriester, dem Gott für seinen Eifer einen Bund des Friedens und die ewige Priesterschaft

---

vgl. Hayward, Phinehas, 29–30 bezieht dies auf חק in Sir 45,24. Auf jeden Fall umgeht LAB, in dem Bund und Tora eine so wichtige Rolle spielen, die Erwähnung des Friedensbundes, den Pinchas erhielt.

[131] LAB 47,7; Hayward übersieht diese Stelle, wenn er meint (Phinehas, 26): "Phinehas is the witness of Israel's unfaithfulness, but is himself one who remains faithful."

verheißen hatte, so fahrlässig handeln? Und warum blieb dennoch die Verheißung des ewigen Priestertums und ewigen Lebens an Pinchas in Geltung?

Pseudo-Philos Liber antiquitatum biblicarum stellt – auch wegen des Tadels an Pinchas – keine genuin zelotische Schrift dar, sondern ist, wie schon betont, ganz pharisäisch bestimmt. Zelotische Schriftgelehrsamkeit hat vermutlich die Identifikation der beiden Eifergestalten rein positiv mit einem Schriftbeweis über den „Eifer" der beiden erschlossen. Die Nennung des Friedensbundes in Mal 2,5.7 und Num 25,11–12 wird als weiterer Schriftbeweis hinzugekommen sein, er diente wohl bereits im 1. Jahrhundert als zusätzliche Begründung. Die „vierte Religionspartei", der Josephus keinen Namen gibt, wurde nicht von schlichten Haudegen, sondern von Judas Galiläus, den Josephus als einen „äußerst scharfsinnigen Gelehrten" bezeichnet (σοφιστὴς δεινότατος)[132], und dem Pharisäer Zadoq gegründet, der vermutlich – wie sein Name verrät – priesterlicher Herkunft war.[133] Die jüdische Aufstandsbewegung wurde bis hin zu Bar Kochba von Männern getragen, die sich als charismatische Kriegshelden auszeichneten, aber zugleich Gelehrte und Lehrer der Schriftgelehrsamkeit waren.

[132] Josephus, Bell 2,433 vgl. auch 2,118. Sein Sohn beziehungsweise Enkel Menachem erhält denselben Titel σοφιστής (Bell 2,445). Dieser entspricht nicht der modernen, abschätzigen Bezeichnung „Sophist". Auch die beiden Gelehrten, die ihre Schüler zur Beseitigung des Adlers über dem Tempeltor aufforderten, heißen bei Josephus σοφισταί (Bell 1,648–656; 2,10; Ant 17,152.155) und ἐξηγηταί (Ant 17,214.216); s. dazu jetzt DEINES, How Long?, 214.

[133] Josephus, Ant 18,4–10; vgl. DEINES, How Long?, 214, Anm. 47.

Im rabbinischen Judentum nahm das positive Interesse an Pinchas und den „Eiferern" ab. Pinchas verließ der Heilige Geist, weil er den Tod der Tochter Jephtas nicht verhindert hatte.[134] Gott hatte kein Gefallen mehr an der Prophetie Elias, deshalb musste er sich einen Nachfolger wählen. Sein Eifer war der Grund dafür, denn:

> Elia „suchte [nur] die Ehre des Vaters und suchte nicht die Ehre des Sohnes, wie es heißt: ‚Mit Eifer habe ich geeifert für den Herrn, den Gott der Heerscharen' (1 Kön 19,10)."[135]

Der Eifer des Propheten galt nur Gott allein und nicht seinem Volk Israel. Es scheint aber doch auf der anderen Seite bezeichnend, dass auch positive Dicta breit überliefert werden konnten. Einem frühen Rabbinen mit dem Namen Pinchas (ben Yair), einem Tanna der 4. Generation, der um 200 n. Chr. lebte, wird ein sehr positiver Kettenspruch über den Eifer zugeschrieben:

> „Eifer führt zur Reinheit …, Reinheit führt zur Heiligkeit, Heiligkeit führt zur Demut, Demut führt zur Sündenfurcht, Sündenfurcht führt zur Frömmigkeit, Frömmigkeit führt zum Heiligen Geist, der Heilige Geist führt zur Auferstehung der Toten, die Auferstehung der Toten führt zu Elijahu, sein Andenken sei zum Segen!"[136]

---

[134] Bereschit Rabba 60,3; vgl. o. Anm. 100; ausführlicher dazu HENGEL, Zeloten, 174 (= 172).

[135] MekhY Pisha 1 zu Ex 12,1 (I, 9 ed. LAUTERBACH); die Mekhilta lehnt auch die Himmelfahrt Elias ab: Bahodesh 4 zu Ex 19,20 (II, 224 ed. LAUTERBACH).

[136] mSot 9,15; ySheq 47c, 58–75; bAZ 20b; etc., s. F. G. HÜTTENMEISTER, Sheqalim.Scheqelsteuer, Übersetzung des Talmud Yerushalmi II/5, Tübingen 1990, 66 f. Vgl. o. zu Sir 48,12 und SCHWEMER, Elijagestalt, 230.

Erst bei Origenes ist die Herleitung der Identifikation von Pinchas und Elia als jüdische Auslegungstradition von Num 25,11 und Mal 2,5.7 sicher datierbar belegt.[137] Als selbstverständliche Tradition begegnet die Gleichsetzung von Elia und Pinchas dann wieder im Targum Pseudo-Jonathan, in dem Pinchas eine besonders prominente Rolle spielt,[138] und in den Pirqe de-Rabbi Eliezer.[139]

5. Ausblick

Pseudo-Philo schildert Vorgänge in der Richterzeit, „den Tagen der Anarchie“[140], „als jeder tat, was ihm passte“[141], um seine eigene Zeit zu verstehen. Er wählt diesen Erzählstoff, weil er die jüngste Vergangenheit beziehungsweise seine Gegenwart in den Turbulenzen jener Epoche wiederfindet, aber er vermeidet auffällige Anachronismen.

Die drei Knaben und die drei Kälber Michas mögen sich auf die drei Städte, Caesarea Maritima, Samaria/Sebaste und Paneas beziehen, in denen Herodes der Große

[137] Zu Origenes, den dieser Schriftbeweis nicht überzeugt hat, vgl. o. Anm. 1. Vermutlich bildet das Motiv des Eifers den Ursprung der Tradition; vom „Bund“ Gottes mit Pinchas ist in LAB, einer Schrift in der „Bund“ und „Gesetz“ zentrale Begriffe sind, nie die Rede. Das mag aber auch mit der Kritik an der Priesterschaft in LAB zusammenhängen. Vgl. zum Problem schon HENGEL, Zeloten, 171 f. (= 170 f.).

[138] Vgl. HAYWARD, Phinehas, 22–23 zu Num 25,12–13; dazu M. MAHER, Targum Pseudo-Jonathan: Exodus, The Aramaic Bible 2, Edinburgh 1994, 171, Anm. 16.

[139] S. dazu ADELMAN, Return, 193–198 und u. Anm. 166.

[140] VitProph 10,7; 16,3; Josephus, Ant 6,84; 5,185.

[141] Ri 17,6; LAB 44,1; 48,4.

heidnische Heiligtümer erbaut und für den Kaiserkult großzügig ausgestattet hatte.[142] In Samaria / Sebaste fand man auf der Akropolis in der Nähe des Tempels den Torso einer überlebensgroßen Panzerstatue – vermutlich eine frühe Darstellung des Augustus –, die Polemik gegen die *pueri* könnte vorzüglich dazu passen. Es wäre eine typisch jüdische polemische Umformung: übermenschlich große Statuen werden zu „Bübchen".[143]

Wer denkt bei den amoritischen *nymphae* nicht an die verschiedenen hübschen Frauenköpfchen, die man aus dieser Zeit gefunden hat?[144]

---

[142] Vgl. die „zwei goldenen Kälber", die Jerobeam in seinen Heiligtümern in Bethel und Dan aufstellte: 1 Kön 12,28–32. Zum Kaiserkult des Herodes s. BERNETT, Kaiserkult, 52–146; zu Caesarea s. jetzt J. PATRICH, Studies in the Archaeology and History of Caesarea Maritima. Caput Judaeae, Metropolis Palaestinae, AJEC/AGAJU 77, Leiden/Boston 2011.

[143] Solche polemischen „Verschlüsselungen" lassen sich vor allem in der rabbinischen Literatur finden; s. M. HENGEL, Rabbinische Legende und frühpharisäische Geschichte. Schimeon b. Schetach und die achtzig Hexen von Askalon, AHAW.PH 2/1984, Heidelberg 1984; zu den Abbildungen der Statue s. BERNETT, Kaiserkult, 81.

[144] So etwa das Frauenköpfchen aus Gaba, der Reiterkolonie Herodes I. Vgl. auch die erste Münzserie Agrippas I., die er in Caesarea Philippi geschlagen hat, wo das lorbeerbekränzte „Haupt Caligulas" und seine drei Schwestern mit Füllhörnern „als Glück und Segen spendende Göttinnen" dargestellt sind, die römische Prägungen als Vorbilder hatten; s. dazu BERNETT, Kaiserkult, 271 und die Abb. 50a auf S. 272; LYKKE, Identitäten, 155 Abb. 24. Diesen Münzen Agrippas gingen die des Philippus voraus, der in seinem überwiegend von Nichtjuden besiedelten Herrschaftsbereich schon früher mit der Abbildung von kaiserlichen Damen auf seinen Münzen begonnen hatte. Zur Darstellung der Tyche von Caesarea Maritima seit neronischer Zeit s. M. MEYER, Die Stadtgöttin von Caesarea Maritima – ‚Romanitas' im Bild, in: A. Lykke / F. T. Schipper (Hg.), Kult und Macht. Religion und

Dass Zebul in seinen Tempelschatz kein Gold und Silber mit Emblemen heidnischer Götter aufnehmen will, richtet sich jedoch vor allem gegen die bis ins Jahr 66 geltende Tempelwährung in tyrischen Silbermünzen, auf denen der Kopf von Melqart-Herakles und der ptolemäisch-seleukidische Adler abgebildet waren,[145] und erst in zweiter Linie gegen die Münzprägung der römischen Statthalter und der herodischen Fürsten, die den Kaiser- und Herrscherkult gegenüber dem julisch-claudischen Kaiserhaus favorisierten und propagierten, um ihre eigene Machtstellung zu

---

Herrschaft im syro-palästinischen Raum. Studien zu ihrer Wechselbeziehung in hellenistisch-römischer Zeit, WUNT II/319, Tübingen 2011, 159–194.

[145] Die „tyrischen Tetradrachmen und Didrachmen bildeten die einzige stabile, verfügbare und neutrale Großsilberwährung, weil den Hasmonäern und Herodianern von den seleukidischen und römischen Oberherrn nur das Recht zur Prägung bronzener Scheidemünzen eingeräumt worden war. ... Vor dem Bellum Iudaicum galten ökonomische Gesetze, von ideologischen Skrupeln war man weit entfernt." So L. Mildenberg, Schekel-Fragen, in: ders., Vestigia Leonis. Studien zur antiken Numismatik Israels, Palästinas und der östlichen Mittelmeerwelt, hg. v. U. Hübner/E.A. Knauf, NTOA 36, Freiburg Schweiz/Göttingen 1998, 170–175 (Zitat 171–172). Zu den Münzen, die Herodes I. prägte, s. jetzt D.T. Ariel/J.-P. Fontanille, The Coins of Herod. A Modern Analysis and die Classification, AJEC/AGAJU 79, Leiden/Boston 2012, die zu dem Ergebnis kommen, dass sich seine Münzprägung noch eng an die der Hasmonäer anschließt und „neither particularly pagan nor significantly Roman in orientation" (188) war. Das hat sich bei den nachfolgenden Herrschern geändert. Vgl. A. Lykke, Politische und religiöse Identitäten auf jüdischen Münzen (bis 66 n. Chr.), in: A. Lykke/F.T. Schipper (Hg.), Kult und Macht. Religion und Herrschaft im syro-palästinischen Raum. Studien zu ihrer Wechselbeziehung in hellenistisch-römischer Zeit, WUNT II/319, Tübingen 2011, 127–157.

sichern.[146] Die „Zeloten" vertraten ein verschärftes Bilderverbot und wollten keine Münze in die Hand nehmen mit dem Portrait eines heidnischen Herrschers.[147] Die Aufständischen prägten dann sofort ihre eigenen Münzen: statt der flachen, großen Silberdrachmen aus Tyrus nun kleine kompakte „Schekel Israels" aus Silber mit neuen, unverwechselbaren Münzbildern und neuen Aufschriften.[148]

Die Rolle des Kenas weist auf idumäische Tradition hin. Idumäer bildeten einen Kampftrupp im Aufstand, der sich den Zeloten anschloss und schließlich Simon bar Giora unterstützte. Ihrem „Wahnwitz" legt Josephus den Mord an zwei Hohenpriestern – Hannas, Sohn des Hannas, und Jesus, Sohn des Gamala – zur Last.[149]

Die Hohepriesterschaft duldete seit Herodes I. das Opfer für das Wohlergehen des Kaisers und des römischen Volkes am Jerusalemer Tempel und den Herrscherkult in Judäa. Konnte man von den Nachfahren des Pinchas,

---

[146] Bernett, Kaiserkult, 292–293; auch S. Krauter, Studien zu Röm 13,1–7. Paulus und der politische Diskurs der neronischen Zeit, WUNT 243, Tübingen 2009, 124, Anm. 447 listet die Vorfälle auf mit Verweis auf Elsas, Argumente, 277–278 und Hengel (= Zeloten, 105–112). Vgl. o. S. 42, Anm. 59.

[147] Vgl. Mk 12,15–16; s. dazu Deines, Reinheit, 81.

[148] Ein „Kelch mit kurzem Fuß und runder Wölbung", der aussieht wie der Kelch auf dem Schaubrottisch auf dem Titusbogen und auf der anderen Seite ein Granatapfelzweig sowie der Aufschrift „Schekel Israels" und „Das heilige Jerusalem" statt das „heilige Tyros"; noch auffälliger ist die „paläo-hebräische" „Schekel-Schrift", die zeigt, dass die „Aufständischen … von einem im wahrsten Sinne des Wortes der alten Schrift kundigen Experten beraten worden sein" müssen; s. Mildenberg, Schekel-Fragen, 170–175 (Zitate 173, Anm. 16 und 174); Bernett, Kaiserkult, 325; Deines, Freiheitsbewegung, 432–433.

[149] Josephus, Bell 4,315–325; 7,267.

denen ein immerwährender Bund des Friedens verheißen war, nicht Eifer und Protest erwarten? Gerade in Judäa spitzten sich im 1. Jahrhundert die Konflikte um Kaiserbilder und Herrscherkult immer wieder zu.[150] Dieser Herrscherkult war letztlich „eine gewichtige Ursache" für den Ausbruch des 1. Jüdischen Krieges.[151]

In der Alten Kirche wurde die Eifertat des Pinchas insofern durchgehend gebilligt, weil sie sich gegen die Unzucht eines sündigen Paares richtete.[152] Als Gewalttat

---

[150] Hätte sich der römische Statthalter in Syrien Petronius nicht taktisch so klug verhalten, wäre der 1. Jüdische Krieg im Jahr 40 ausgebrochen, als Caligula die Aufstellung seiner Statue im Jerusalemer Tempel als „Neuer Zeus" forderte. S. dazu HENGEL/SCHWEMER, Paulus, 279–280; DERS./DIES., Jesus und das Judentum, 84–87; vgl. jetzt BILDE, Konflikt, 9–48.

[151] Zitat: KRAUTER, Studien, 124.

[152] Während die LXX Num 25,8 noch wörtlich übersetzt, dass die Midianiterin mit einem Lanzenstich bzw. Schwertstreich durch ihre „Gebärmutter" (διὰ τῆς μήτρας αὐτῆς) hindurch getötet wird, das heißt, dass sie beseitigt wird, damit sie nicht die Stammesmutter eines nicht jahwegläubigen Volkes werden kann, setzt später eine moralisierende Sexualisierung ein und beide, Simri und Kosbi, werden beim Koitus mit einem Streich durch ihre Genitalien getötet. So versteht es z. B. schon Hieronymus und übersetzt in der Vulgata: *perfodit ambos simul virum scilicet et mulierem in locis genitalibus.* Hieronymus scheint die jüdische Haggada zu kennen, denn auch der Targum Pseudo-Jonathan „deutet den Text als Durchbohren beider pudenda beim Koitus", s. SEEBASS, Numeri, 113, der es bedauert, dass diese falsche Auslegung „bis heute viele Nachfolger" gefunden hat; vgl. weiter S. 116–117. Zur breiten Haggada-Kenntnis des Kirchenvaters s. F. AVEMARIE, Hieronymus und die jüdische Genesis: *Hebraicae quaestiones* und Vulgata im Vergleich, in: A. Herrmann-Pfandt (Hg.), Moderne Religionsgeschichte im Gespräch. Interreligiös, Interkulturell, Interdisziplinär. Festschrift für Christoph Elsas zum 65. Geburtstag am 1. August 2010, Berlin 2010, 74–93.

war sie aber auch erklärungsbedürftig. So vermeidet etwa Aphrahat den Terminus „Eifer“ und schreibt:

„Als Simri mit der Midianiterin Unzucht trieb, sah ihn Pinhas bar Eleasar, betrat die Kammer und tötete die beiden … Die Tötung dieser beiden wurde ihm als *Gebet* angerechnet, denn so sprach David über ihn: ‚Pinhas erhob sich und betete, und es wurde ihm als Sieg angerechnet für alle Geschlechter auf ewig‘ (Ps 106,30f). Ihre Tötung, die um Gottes willen geschah, wurde ihm als Gebet angerechnet.“[153]

Auch Origenes scheint eine Ausnahme zu machen, wenn er in seiner Homilie zur Stelle ermahnt, dass der Christ bedenken soll, dass die Gewalttat des Pinchas in alter Zeit für das „frühere Volk“ (*priorem populum*) erbaulich gewesen sein mag, der Christ jedoch mit dem „Schwert des Geistes“ gegen alle teuflischen Gedanken vorgehen und diese vernichten soll:

„Wenn du siehst wie ein israelitischer Geist mit midianitischen Huren herummacht, das heißt sich herumwälzt mit teuflischen Gedanken, dann sollst du ihn nicht schonen, dann sollst du ihn nicht verheimlichen, sondern durchbohr' ihn sofort, bring ihn sofort um.“[154]

Epiphanius dagegen empört sich, dass der Ketzer Elchasai es gewagt habe, von einem Pinchas zu faseln, der aus priesterlichem Geschlecht und vom alten Pinchas abstammend während des Exils die Artemis-Statue in Susa verehrt habe,

---

[153] Aphrahat, Über das Gebet, 14 (Aphrahat. Demonstrationes. Unterweisungen I, aus dem Syrischen übersetzt und eingeleitet v. P. Bruns, Fontes Christiani 5/1, Freiburg u.a. 1991, 150). Schon in Jak 5,17 erscheint nur das Gebet, nicht der Eifer Elias.

[154] Origenes, In Numeros homiliae 20,5 (GCS Origenes Werke 7, 198).

um dem Tod unter dem König Dareios zu entgehen.[155] Bei diesem Judenchristen findet sich eine indirekte Spur der rabbinischen Kritik an Pinchas. Schon bei Pseudo-Philo ist Pinchas nicht ohne Tadel und in der rabbinischen Literatur wird er erst recht ambivalent betrachtet.[156] Entsprechend rügt der Kaiser Julian Apostata aus „heidnischer" Sicht die völlige Unverhältnismäßigkeit der Bestrafung und hebt die Grausamkeit der Tat hervor. Er bleibt bei seiner Kritik strikt beim Wortlaut seines Septuagintatextes und spricht nicht von Sünde und Unzucht, sondern betont, dass Pinchas der Frau eine schmachvolle und höchst schmerzhafte Verwundung durch die Gebärmutter hindurch zugefügt hat.[157] Besonders abstoßend findet der Kaiser das hier zu Tage tretende Gottesbild:

„Was für eine Art von Nachahmung (μίμησις) Gottes wird hier bei den Hebräern gepriesen? Grimm und Zorn und wilder Eifer (ζῆλος ἄγριος). … Weil Gott einen fand, der mit ihm empört war und mit ihm litt, scheint er von seiner Empörung abgelassen zu haben. Diese (Worte) und ähnliche über Gott äußert Mose nicht selten in der Schrift."[158]

---

[155] Epiphanius, Panarion 19 (GCS Epiphanius I, 218–219 ed. Holl).

[156] Die rabbinischen Belege sind ausführlich schon von Hengel, Zeloten, 172–175 (= 171–176) behandelt.

[157] Iulianus Imperator, Adversus Galilaeos frag. 33 [oder: 160D–E] (Giuliano Imperatore, Contra Galilaeos. Introduzione, testo critico e traduzione ed. E. Masaracchia, Rom 1990, 129,7–9): αἰσχρῷ καὶ ὀδυνηροτάτῳ τραύματι, διὰ τῆς μήτρας … παίσας τὴν γυναῖκα; Text und Übersetzung auch bei G. Rinaldi, Biblia Gentium, Rom 1989, 286–288; Seebass, Numeri, 117.126 weist im Anschluss an La Bible d'Alexandrie – LXX. Les nombres, trad. du texte grec de la Septante, introd. et notes par G. Dorival, Paris 1994, 465 auf Julian hin.

[158] Iulianus Imperator, Adversus Galilaeos frag. 36 [oder: 171E–

Elia wird in der christlichen Tradition mit seinem Eifer zum Vorbild der Askese der Mönche und zum endzeitlichen Streiter gegen den Antichristen vor der Wiederkunft Christi[159]:

„... der ewig lebende Kämpfer gegen den Antichrist,
der ihm entgegentritt und seine Täuschung und seinen Hochmut widerlegt,
der alle Menschen aus dessen Verführung am Ende zu Gott wendet.
Dieser ist es, der gewürdigt ist, der Vorläufer der zweiten und offenbaren Wiederkunft des Herrn zu sein,
der im Maß des Dienstes mit den Engeln wetteiferte.“[160]

Der Eifer (ζῆλος) des Propheten für Gott und das Gesetz tritt hier völlig in den Hintergrund, er „wetteiferte“ (ἁμιλλώμενος) vielmehr, obwohl er sterblich war, mit den Unsterblichen, und übertraf bei diesem Wettkampf die Engel mit seiner Würde als Vorläufer bei der Parusie.[161] Ähnlich wie in der rabbinischen Literatur wird Elia zu einer Art Engelgestalt. Auch Athanasius verwendet nicht ζῆλος und ζηλοῦν, um die Askese und die unermüdliche

---

172A] (131,10–16 ed. Masaracchia); vgl. Rinaldi, Biblia Gentium, 288–289.

159 Vgl. Schwemer, Elijagestalt, 233.

160 Überliefert in einer Rezension der Vitae Prophetarum, die im Chronikon Paschale und bei Cosmas Indicopleustes erhalten ist (zur Beschreibung dieser Rezension s. A. M. Schwemer, Prophetenlegenden I, 15 f.); weiter Text, Übersetzung und Kommentar bei A. M. Schwemer, Studien zu den frühjüdischen Prophetenlegenden II, TSAJ 50, Tübingen 1996, 226 f.258 und 61*–62*.

161 Der Terminus ἁμιλλώμενος wird in diesem Enkomium zweimal verwendet. Auch wenn im Griechischen „eifern“ und „wetteifern/kämpfen“ nicht vom selben Wortstamm gebildet werden, scheint die Umformung auffällig.

Bereitschaft Elias, den Willen Gottes zu tun, zu schildern, sondern σπουδάζειν.[162] Elia wird anscheinend in der christlichen Tradition nicht mit Pinchas identifiziert – abgesehen von der Tradierung von LAB und der Verwunderung des Origenes über die jüdische Auslegung.[163]

In der jüdischen Hauptüberlieferung hat sich die Elia-Pinchas-Tradition nur am Rande erhalten.[164] In ihr erscheint jedoch nicht nur die Kritik an Pinchas und Elia, sondern z. B. auch die Doppelgestalt Elia-Pinchas als himmlischer Hoherpriester, der ständig für Israel die täglichen Opfer darbringt und Israel entsühnt.[165] Die

[162] Athanasius, Vita Antonii 7,12–13 (C. J. M. Bartelink, Athanase d'Alexandrie. Vie d'Antoine, SC 400, Paris 2004, 154 f.): „Er erinnerte sich aber des Wortes des Propheten Elia, der sagte: ‚So wahr der Herr lebt, vor den ich hingetreten bin (1 Kön 17,1; 18,15), heute' (nur in 18,15 erscheint „heute": „heute werde ich mich ihm zeigen"). Denn er beobachtete, dass er, indem er ‚heute' sagte, nicht die vergangene Zeit maß, sondern als ob er immer einen (neuen) Anfang für sich setzte, bemühte er sich eifrig (ἐσπούδαζεν) Tag für Tag, sich selbst vor Gott hinzustellen als einen solchen, wie man vor Gott erscheinen muss, im Herzen rein und bereit, seinem Willen zu gehorchen und keinem anderen. Er (d. h. Antonius) sagte aber auch zu sich selbst: Der Asket muss aus der Lebensführung des großen Elia wie in einem Spiegel sein eigenes Leben immer verstehen lernen." Zu den Parallelstellen für Elia als Vorbild der Asketen vgl. Bartelink, Athanase, 155, Anm. 2; weiter D. Frankfurter, Elijah in Upper Egypt. The Apocalypse of Elijah and Early Egyptian Christianity, Minneapolis 1993.

[163] Vgl. dazu o. Anm. 1.

[164] Das gilt von den frühen Midraschim und Talmudim. Schon Aptowitzer, Parteipolitik, 100 stellte fest: „Daß Elia mit Pinchas identisch ist, kommt in der Agada sehr oft vor."

[165] Der früheste Beleg in der rabbinischen Literatur ist Sifre Bamidbar § 131. S. dazu Hengel, Zeloten, 170 (= 168–169); B. Ego, Der Diener im Palast des himmlischen Königs. Zur Interpretation einer priesterlichen Tradition im rabbinischen Judentum, in: M. Hen-

Identifikation von Pinchas und Elia wird im 8. Jahrhundert ausdrücklich wieder im Targum Pseudo-Jonathan[166] und in den Pirqe de-Rabbi Eliezer aufgenommen: Hier erhält Pinchas-Elia für seinen Eifer eine positive Aufgabe als „Engel des (Beschneidungs)bundes".[167]

Ihren Ursprung hatte diese Identifikation wahrscheinlich bei den Zeloten und nicht bei den Hasmonäern. Dafür spricht auch das völlige Desinteresse der Christen an dieser Gleichsetzung. Dass den priesterlichen Zeloten am meisten an der Identifizierung gelegen haben muss, sie für die Begründung eben dieser auch die exegetische

---

gel/A. M. Schwemer (Hg.), Königsherrschaft und himmlischer Kult im Judentum, Urchristentum und in der hellenistischen Welt, WUNT 55, Tübingen 1991, 361–384 (372–375); Adelman, Return, 194–195 zu PRE 47 und Targum Pseudo-Jonathan zu Num 25,12.

[166] Die Frühdatierung des Targums von Hayward und vor allem der Auslegung von Dtn 33,11 auf Johannes Hyrkan als älteste Überlieferung der Identifikation scheint kaum überzeugend; vgl. o. Anm. 49; Adelman, Return, 6.201 wendet gegen Hayward m. E. völlig zu Recht ein: „In all examples where Phinehas is identified with Elijah, it is highly likely that the Targum draws from PRE." Öhler, Elia, 23, Anm. 115 hielt dagegen die Frühdatierung von TPsJ zu Dtn 33,11 für eine „durchaus wahrscheinliche … Hypothese", schloss daraus mit Berufung auf die Ergebnisse von Hayward und ohne LAB gründlich zu untersuchen (25): „So läßt sich die Frage, ob für eine Gleichsetzung der beiden Eiferer Pinhas und Elia erst die Zeloten oder bereits die Hasmonäer verantwortlich waren, bei aller Unsicherheit über die Datierung des Targums … eher mit dem Verweis auf letztere beantworten."

[167] Vgl. D. Börner-Klein, Pirke de-Rabbi Elieser. Nach der Edition Venedig 1544 unter der Berücksichtigung der Edition Warschau 1852 bearbeitet und übersetzt, SJ 27, Berlin/New York 2004; G. Oberhänsli-Widmer, Elija als Pate des Bundes, oder die Dynamik rabbinischer Rezeption, in: G. Gelardini (Hg.), Kontexte der Schrift. Bd. 1, Stuttgart 2005, 126–137 (135). Adelman, Return, 185–208.293–298; Schwemer, Elijagestalt, 230f.

Kompetenz besaßen und vermutlich mit der baldigen endzeitlichen Wiederkunft dieser Doppelgestalt gerechnet haben, hat Martin Hengel schon in seinen „Zeloten" angenommen und bedauert:

> „Die Kargheit der Quellenaussagen, insbesondere bei Josephus, läßt jedoch solche Vermutungen über die Stufe einer Hypothese nicht hinauskommen."[168]

Auch eine nähere Untersuchung des Liber antiquitatum biblicarum führt über dieses Ergebnis nicht grundsätzlich hinaus, bestätigt es aber und macht diese Hypothese noch plausibler.

---

[168] Hengel, Zeloten, 180f. (Zitat: 181) (= 178f.).

Christian Grappe

Die Zeloten, der historische Jesus und der Jesus der Evangelien

In seinem grundlegenden Werk über die Zeloten hat Martin Hengel als wichtigstes Charakteristikum der zelotischen Bewegung „die eschatologische Grundstimmung“[1] herausgestellt. Mit einer Liste belegt er diese eschatologische Grundstimmung: das Auftreten von Propheten und von Messiasprätendenten innerhalb der Eiferer für das Gesetz; ihr Bestehen auf dem künftigen Zorn; das Motiv des Rückzugs in die Wüste, die Bereitschaft zum Martyrium und die Bedeutung, die dem Heiligen Krieg beigemessen wird; die Hoffnung auf den Sieg am Ende und die Errichtung der Weltherrschaft Israels. Er hat daraus geschlossen, dass „Voraussetzung und Rahmen, innerhalb derer Judas der Galiläer und seine Nachfolger mit ihrer Forderung nach der Alleinherrschaft Gottes hervortreten konnten“, „die *Naherwartung* (Hervorhebung Hengel) der erhofften Heilszeit“[2] bildete.

Die Liste der aufschlussreichen Charakteristika für diese eschatologische Grundstimmung der zelotischen Bewe-

[1] M. Hengel, Die Zeloten. Untersuchungen zur jüdischen Freiheitsbewegung in der Zeit von Herodes I. bis 70 n.Chr., AGSU 1, Leiden/Köln 1961, 235–318, hier: 315.

[2] Hengel, Zeloten, 316.

gung und das Procedere, nach dem deren Galionsfiguren die Errichtung der alleinigen Herrschaft Gottes forderten, laden zu Überlegungen ein, wie Wort und Wirken Jesu Züge annahmen, die nicht ohne Verbindung zu den Themen sind, die den Umtrieben der Zeloten zugrundelagen.

Das bedeutet nicht, wie wir sehen werden, dass Jesus selbst für einen Zeloten gehalten werden darf, so, wie es Autoren wie Brandon sahen.[3] Es kann aber trotzdem dazu einladen, Parallelen aufzuzeigen und die Frage zu stellen, bis zu welchem Punkt und auf welche Weise bestimmte Aspekte der zelotischen Aktivität sowohl den historischen Jesus wie auch die Art und Weise, in der ihn die Evangelien zeigen, erklären können.

Als Ausgangspunkt wählen wir die Verkündigung des Hereinbrechens der Gottesherrschaft.

Martin Hengel schreibt: „Sicherlich hat Judas, wie die jüdischen Frommen seiner Zeit, die Verwirklichung der Gottesherrschaft und Israels als eine endzeitliche, wunderbare Tat Gottes erwartet."[4]

Es ist leicht zu erraten, dass sich im Blick auf die Aktivität der Eiferer für das Gesetz dieses wunderbare Ereignis auf die Befreiung des Landes vom Joch der römischen Besatzung bezieht.

---

[3] S. G. F. Brandon, Jesus and the Zealots: A Study of the Political Factor in Primitive Christianity, Manchester 1967. Die Grenzen der Methode und der Thesen Brandons sind mit Recht von Martin Hengel in seiner Rezension des Werks herausgestellt worden, in: JSS 14 (1969), 231–240 = Jesus and the Zealots (Rez. Brandon), in: M. Hengel, Jesus und die Evangelien. Kleine Schriften V, hg. v. C.-J. Thornton, WUNT 211, Tübingen 2007, 194–204.

[4] Hengel, Zeloten, 97.

Eine Ähnlichkeit mit Jesus wird schon auf den ersten Blick deutlich. Das Hereinbrechen der Gottesherrschaft steht im Mittelpunkt seiner Verkündigung, und er verbindet sie auf höchst eigentümliche Weise mit seiner Heiltätigkeit, oder genauer, seinen Exorzismen.

Das Logion Lk 11,20//Mt 12,28, auf das Martin Hengel besondere Aufmerksamkeit im Rahmen eines der Symposien, die zwischen den Fakultäten Strasbourg, Tübingen und Uppsala abgehalten werden, richtet, erhält hier eine besondere Bedeutung.[5] Jesus erklärt: „Wenn ich aber durch den Gottes Finger [Lk] / den Geist Gottes [Mt] die Dämonen austreibe, so ist ja das Reich Gottes zu euch gekommen."

Schon Bultmann erkannte, dass dieses Logion „den höchsten Grad der Echtheit beanspruchen (kann), den wir für ein Jesuswort anzunehmen in der Lage sind"[6], und man kann sagen, dass seine Sicht bisher nicht widerlegt wurde.[7]

---

[5] M. Hengel, Der Finger und die Herrschaft Gottes in Lk 11,20, in: R. Kieffer / J. Bergman (Hg.), La Main de Dieu / Die Hand Gottes, WUNT 94, Tübingen 1997, 87–106 (= Hengel, Jesus und die Evangelien. Kleine Schriften V, 644–663).

[6] R. Bultmann, Die Geschichte der synoptischen Tradition, Göttingen 1921, 98 [= ^{2}1931, 174] (französische Übersetzung: ders., L'histoire de la tradition synoptique suivie du complément de 1971. Traduit de l'allemand par André Malet, Paris 1973, 206).

[7] Vergleiche in diesem Sinn M. Labahn, Jesu Exorzismen (Q 11,19–20) und die Erkenntnis der ägyptischen Magier (Ex 8,15). Q 11,20 als bewahrtes Beispiel für Schrift-Rezeption Jesu nach der Logienquelle, in: A. Lindemann (Hg.), The Sayings Source Q and the Historical Jesus, BETL 158, Leuven 2001, 617–633 (hier: 618–626); C. A. Evans, Exorcisms and the Kingdom: Inaugurating the Kingdom of God and Defeating the Kingdom of Satan, in: D. L. Bock (Hg.), Key Events in the Life of the Historical Jesus: A Collaborative Exploration of Con-

Im übrigen wird eine Beziehung zwischen diesem Logion und jenem in Lk 10,18 schon seit langem hergestellt, und Martin Hengel hat mit Recht deren Berechtigung[8] unterstrichen. Er macht diesbezüglich geltend, dass, als die Dämonen den Jüngern unterworfen waren, Jesus „den Satan vom Himmel fallen sah wie einen Blitz" (Lk 10,18). Viele sehen in diesem Ausspruch – den sie deswegen aus dem Rahmen, den ihm die lukanische Redaktion zugewiesen hat, lösen – den Nachhall einer visionären Erfahrung, die bei der Berufung Jesu bestimmend war.[9] Der Blickwinkel ist derselbe wie in Lk 11,20//Mt 12,28, zweier Logien, die sich ergänzen: Eine neue Ära ist eröffnet, insofern der Satan bereits besiegt ist, was die Exorzismen Jesu belegen; diese neue Ära entspricht der Ankunft der Gottesherrschaft.

---

text and Coherence, WUNT 247, Tübingen 2009, 151–179 (mit ausführlicher Bibliographie zur Anmerkung 46 auf Seite 171) oder auch B. Kollmann, Jesus and Magic: The Question of the Miracles, in: T. Holmén/S.E. Porter, Handbook for the Study of the Historical Jesus. Vol. 4. Individual Studies, Leiden/Boston 2011, 3057–3085 (hier: 3072).

[8] M. Hengel, Nachfolge und Charisma. Eine exegetisch-religionsgeschichtliche Studie zu Mt 8, 21f. und Jesu Ruf in die Nachfolge, BZNW 34, Berlin 1968, 73 (= Ders., Jesus und die Evangelien. Kleine Schriften V, 40–138 [hier: 110]). Siehe auch Kieffer/Bergman (Hg.), La Main de Dieu / Die Hand Gottes, 99 (= Hengel, Jesus und die Evangelien. Kleine Schriften V, 657).

[9] So schon J. Weiss, Die Predigt Jesu vom Reiche Gottes (1891), Göttingen 1902, 93. Siehe auch U.B. Müller, Vision. Erwägungen zur prophetischen Struktur der Verkündigung Jesu, ZThK 74 (1977), 416–448 (und bes.: 426–429); H. Merklein, Jesu Botschaft von der Gottesherrschaft. Eine Skizze, SBS 111, Stuttgart 1983, 60–62; G. Theissen/A. Merz, Der historische Jesus. Ein Lehrbuch, Göttingen 1996, 196–197.

Eine Reihe von Texten aus der frühjüdischen Literatur erlaubt es, Rechenschaft über den Einsatz zu geben und zwar in dem Maß, in dem sie sich auf die Ankunft der Gottesherrschaft und die Niederlage des Satan beziehen.

Zunächst und vor allem handelt es sich um das Testament des Mose (Assumptio Mosis) 10,1:

„Und dann wird seine Herrschaft über seine ganze Schöpfung erscheinen und dann wird der Teufel nicht mehr sein, und die Traurigkeit wird mit ihm hinweggenommen sein."[10] (*Et tunc parebit regnum illius in omni creatura illius. Et tunc Zabulus finem habebit, et tristitia(m) cum eo adducetur*).

Weiter sind heranzuziehen das Testament Dan 5,10–13, die Kriegsregel (1QM 6,5–6) und auch die Cantiques du Sage (4Q 510.511), exorzistische Psalmen aus Qumran.[11]

Die eschatologische Dimension des Wirkens Jesu und seiner Verkündigung des Hereinbrechens der Gottesherrschaft wird so bestätigt, aber man muss sogleich deutlich machen, worin sich im vorliegenden Fall die Verkündigung Jesu von der der Eiferer für das Gesetz unterscheidet. Das irdische Hereinbrechen der Gottesherrschaft ist bestimmt und wird offenbar im Sieg über den Satan in dem Macht-

---

[10] Übersetzung E. Brandenburger, Himmelfahrt Moses, JSHRZ V,2, Gütersloh 1976, 76.

[11] Diese Texte wurden bereits mit Lk 11,10//Mt 12,28 in Verbindung gebracht, insbesondere von J. Schlosser, Le Règne de Dieu dans les dits de Jésus. Première partie, Études bibliques, Paris 1980, 135; H. Merklein, Jesus, Künder des Reiches Gottes, in: ders., Studien zu Jesus und Paulus, WUNT 43, Tübingen 1987, 127–156 (hier: 28.131.136); 127–136; Theissen/Merz, Der historische Jesus, 236–237. Wir erlauben uns, auch auf Ch. Grappe, Jésus exorciste à la lumière des pratiques et des attentes de son temps, RB 110 (2003), 178–196 (hier: 179–184) zu verweisen.

kampf, in dem er sich gegen Gott richtet. Es zeigt sich in exorzistischen Taten und nicht im Untergang der Söhne der Finsternis oder der römischen Besatzung, wie die Essener oder die Eiferer für das Gesetz erwartet haben.

Es gibt hier einen grundlegenden Unterschied, der uns sogleich auf ein anderes Gebiet als das der Hoffnung führt, nämlich auf das grundlegend nationalistische der Zeloten.

Ein anderes Beispiel für dieses Phänomen findet sich in der Beziehung Jesu zu einer Schriftstelle, die sowohl die Aufmerksamkeit der Eiferer für das Gesetz als auch der Essener gefunden hat, Jes 61,1(-2):

> „Der Geist des Herrn (ist) auf mir, weil er mich gesalbt hat; um frohe Botschaft den Armen zu bringen (εὐαγγελίσασθαι πτωχοῖς), hat er mich abgesandt, um die zu heilen, die zerbrochenen Herzens sind, um den Gefangenen Freilassung (MT: לשבוים לקרא דרור LXX: κηρύξαι αἰχμαλώτοις ἄφεσιν) zu verkünden und den Blinden neue Sehkraft, um auszurufen ein willkommenes Jahr des Herrn und einen Tag der Vergeltung, um zu trösten alle Trauernden" (παρακαλέσαι πάντας τοὺς πενθοῦντας) (Übersetzung Septuaginta Deutsch, 1282).

In seinem Zeloten-Buch unterstreicht Martin Hengel die große Bedeutung dieses Textes für ein besseres Verständnis einer Nachricht bei Flavius Josephus über Simon bar Giora, einen der Anführer der Aufständischen gegen die Römer im Lauf des Ersten Jüdischen Krieges zwischen 67 und 70. Josephus berichtet, dass Simon kurz nach der Ermordung des Hohenpriesters Anan die Befreiung aller jüdischen Sklaven[12] ausgerufen habe. August Strobel[13]

---

[12] Flavius Josephus, Bell 4,508.

[13] A. Strobel, Kerygma und Apokalyptik. Ein religionsgeschichtlicher Beitrag zur Christusfrage, Göttingen 1967, 11, Anm. 2.

folgend, hat Martin Hengel diese Geste im Licht von Jes 61,1[14] verstanden. Man könnte gegen eine solche Hypothese einwenden, dass Jes 61,1 die Freilassung der Gefangenen und nicht der Sklaven verkündigt, aber man kann dem mit Recht entgegenhalten, dass diese Ankündigung der Freilassung der Gefangenen mit der eines Jubeljahres zusammenfällt, eines Jahrs, das gekennzeichnet ist durch die Freilassung der Sklaven. Die von Simon verkündigte Freilassung der Gefangenen könnte also sehr wohl ein eschatologischer Akt gewesen sein, der nahelegt, dass die Zeit der Erfüllung der jesajanischen Prophetie gekommen ist. Es scheint außerdem, dass das Vorgehen Simon bar Gioras einer tiefen Erwartung im Herzen des Volkes entsprach. In der Tat erfahren wir von Josephus, dass schon Archelaos am Tag nach dem Tod des Herodes[15] aus purer Demagogie als Antwort auf die Forderungen der Menge eine Befreiung der Gefangenen versprochen hat.

Nun aber war diese Zeit durch eine starke messianische Erwartung bestimmt, da in diesem Augenblick Judas, der Sohn des Ezechias, königliche Ehren[16] beanspruchte, und Simon, ein Sklave des Herodes, sich das Diadem[17] aufsetzte und Athronges, der Schäfer, dasselbe tat.[18]

---

[14] M. Hengel, The Zealots. Investigations into the Jewish Freedom Movement in the Period from Herod I until 70 A. D., Edinburgh 1989, 335–336 (die Wendung findet sich nicht in der 1. Auflage von Die Zeloten; siehe aber in der 2. Auflage 1976: 382; 3. Auflage 2011: 373).

[15] Flavius Josephus, Bell 2,4.

[16] Flavius Josephus, Ant 17,272.

[17] Flavius Josephus, Ant 17,273; Bell 2,57.

[18] Flavius Josephus, Ant 17,278–281; Bell 2,60–65.

Die Prophetie von Jes 61,1(-2) konnte hier politisch verstanden werden, während sie sonst in einem anderen Sinn interpretiert wurde.

In der Tat wird im Melchisedeq-Text aus Höhle 11 (11Q13) der König von Salem aus Gen 14,18–20 zum „Herrn des ‚Loses der Gerechten', zum Herold der eschatologischen Befreiung, zum künftigen Richter der Engel und der endgültige Sieger über Belial".[19] Das Jahr der Gnade des Herrn von Jes 61,2 wird zum Jahr „des Wohlgefallens Melchisedeqs"[20]. Im Rahmen des endzeitlichen Jubiläums[21], das alle Züge des endzeitlichen Versöhnungstages trägt[22], verkündigt Melchisedeq in Aufnahme von Jes 61,1 die Befreiung der Gefangenen.[23] Und diese Ankündigung der Befreiung ist begleitet vom Erlass (der Schuld) all ihrer Vergehen.[24] Das Verständnis, das sich für Jes 61,1 nahelegt, ist nicht mehr im Sinne des Erlasses der konkreten Strafe eines Gefangenen oder der Schulden jemandes, der sich in einer schwierigen wirtschaftlichen Lage befindet. Sie vollzieht sich durch eine Mittlerpersönlichkeit, die die

---

[19] A. CAQUOT, La pérennité du sacerdoce, in: Mélanges offerts à Marcel Simon. Paganisme, judaïsme et christianisme. Influences et affrontements dans le monde antique, Paris 1978, 110.

[20] 11QMelch 2,9.

[21] 11QMelch 2,1 zitiert Lev 25,13 und liest diesen Text als vom endzeitlichen Priesteramt Melkisedeqs, indem er Lev 2,8–54, das vom Jobeljahr spricht, mit Jes 61,1–2 zusammenstellt, das darauf anspielt.

[22] So insbesondere É. PUECH, Note sur le manuscrit de XIQMelkîsédeq, RdQ 12 (1987), 483–513 (hier: 512).

[23] Die Wörter, die dem hebräischen Text über die Freilassung der Gefangenen in Jes 61,1 korrespondieren (קרא; דרור; שבה), finden sich auch in 11QMelch 2,4 und 6.

[24] 11QMelch 2,6.

Funktion des eschatologischen Hohepriesters innehat, und sie besteht in der Vergebung der Sünden.

Die messianische Apokalypse (4Q521) aus Qumran betrachtet ebenfalls die Endzeit im Licht insbesondere von Jes 61,1. Es wird darin angekündigt, dass in den Tagen des Messias bzw. der Messiasse der Geist des Herrn auf den Armen[25] ruhen wird und dass er (nämlich der Herr) ihnen frohe Botschaft verkündigen wird.[26] Auch hier wird das Thema der Befreiung der Gefangenen aufgenommen, aber nun mit zwei anderen Motiven verbunden, nämlich der Wiederherstellung des Augenlichts der Blinden und der Aufrichtung der Gebeugten, die aus Ps 146,7c–8b[27] hinzugefügt sind. Nun aber zeigt der gesamte Abschnitt, wie sich der Herr der Frommen, der Gerechten, der Armen und der Treuen[28] annehmen wird, die aller Wahrscheinlichkeit nach die Mitglieder der Gemeinschaft sind. Unter diesen Bedingungen zeigt der Gebrauch, der von diesen Motiven gemacht wird, eher ein metaphorisches Verständnis als eine auf sozialen oder politischen Forderungen beruhende Lesart.

Wie wohl bekannt ist, hat Jes 61,1–2 zweifellos eine ganz besondere Bedeutung im Wirken Jesu. Das Lukasevangelium berichtet, dass dies der Text ist, den Jesus vor

---

[25] 4Q521 Fragment 2 ii + 4, l. 6.

[26] 4Q521 Fragment 2 ii + 4, l. 12.

[27] 4Q521 Fragment 2 ii + 4, l. 8.

[28] 4Q521 Fragment 2 ii + 4, l. 5–14. Die Frommen, die Gerechten, die Armen und die Treuen werden zunächst genannt (Z. 5–6). Die Fortsetzung widmet sich ihnen und erwähnt noch einmal die Frommen (Z. 7) und die Armen (Z. 12).

der Predigt in der Synagoge von Nazareth las und dass er verkündigte: „Heute ist dieses Wort erfüllt vor euren Ohren" (Lk 4,16–21).

Darüber hinaus hat J. Dupont gezeigt, dass das Herz der Seligpreisungen, der gemeinsame Kern der jeweiligen Texte bei Matthäus und Lukas, aus drei Seligpreisungen besteht, die sich auf die Armen, auf die Hungernden und die Betrübten bezieht. Die beste Erklärung dafür ergibt sich im Lichte von Deuterojesaja und insbesondere von Jes 49,9–13 und Kap. 61, worin die Aufmerksamkeit in erster Linie auf die Armen gelenkt wird (V. 1), dann auf die Betrübten (V. 2) und schließlich den Trauernden von Zion verspricht, dass sie den Reichtum der Völker essen werden (V. 6).[29] Und schließlich beruht die Antwort Jesu in einem Abschnitt aus der Quelle Q an die Jünger Johannes des Täufers, die im Auftrag ihres Lehrers gekommen sind, um zu erfahren, ob er der ist, der kommen soll, oder ob sie auf einen anderen warten sollen (Mt 11,2–6//Lk 7,18–23), im wesentlichen auf einem Gewebe von Schriftstellen aus dem Buch Jesaja[30] (Mt 11,4–5//Lk 7,22). Die Verwandtschaft dieser Tradition mit der messianischen Apokalypse 4Q521 und mit der Verkündigung Jesu in der Synagoge von Nazareth (Lk 4,17–21) wurde mit Recht insbesondere von

[29] J. Dupont, Les béatitudes. Tome II. La bonne nouvelle. Nouvelle édition entièrement refondue, Études bibliques, Paris 1969, 39–44; 94–99.

[30] Jes 26,19 (Auferstehung der Toten); Jes 35,5–6 (Heilung der Blinden, der Tauben [siehe auch Ez 29,18] und der Lahmen); Jes 61,1 (Verkündigung der Frohbotschaft an die Armen). Einzig die Reinigung der Aussätzigen ist nicht angekündigt.

Martin Hengel unterstrichen.[31] Der herausgehobene Ort, der sich hier wiederfindet, ist, wie in den Seligpreisungen, die Verkündigung der Frohen Botschaft an die Armen. Sie deutet auf eine Akzentverschiebung der Verkündigung Jesu im Verhältnis zu der des Täufers hin, die diesbezüglich stärker dem unmittelbar bevorstehenden Gericht (Mt 3,7–10//Lk 3,7–9) zugewandt ist. Sie zeigt auch, wie uns scheint, eine Distanzierung im Blick auf die Forderungen und die Erwartungen der Eiferer für das Gesetz. Das Motiv der Befreiung der Gefangenen wird insofern nicht wieder aufgenommen, aber es findet sich unter dem Siegel der Verkündigung der Frohen Botschaft an die Armen, und diese muss die Transformation eingeschlossen haben, die die Verkündigung des Hereinbrechens der Gottesherrschaft in Worten und Taten Jesu möglich macht.

Ein weiteres bezeichnendes Ereignis im Leben Jesu hat zu Vergleichen zwischen Verkündigung und Taten Jesu in Bezug zu denen der Zeloten geführt: der triumphale Einzug in Jerusalem und sein Auftreten im Tempel. Der Text hat große Aufmerksamkeit auf sich gezogen, da ja das Heiligtum während des Ersten Jüdischen Krieges[32] im

[31] M. Hengel/A. M. Schwemer, Jesus und das Judentum. Geschichte des frühen Christentums, Bd. 1, Tübingen 2007, 332–333.

[32] S. G. F. Brandon, Jesus and the Zealots, Manchester 1967, besonders: 322–358 kann hier als typisch erscheinen. Indessen ist sein Vorschlag viel stärker nuanciert als häufig dargestellt wird. Er behauptet, „die Gemeinsamkeiten zwischen Jesus und den Zeloten fielen zusammen in einem revolutionären Angriff auf Jerusalem“ (356), aber er erkennt auch Unterschiede: Jesus war eher geneigt, der priesterlichen Aristokratie die Schuld zu geben als den Römern (356), sein Vorhaben sei gewesen, „Israel *geistlich* (Hervorhebung Grappe) auf die Ankunft des Reiches vorzubereiten“ (342).

Mittelpunkt rivalisierender Gruppen und Anführer stand. Jedenfalls ist die Fährte, dass ein gewaltsamer Überfall über die Stadt und das Heiligtum beabsichtigt war, nicht sehr wahrscheinlich – wir werden darauf zurückkommen. Die nächsten Parallelen sind im Blick auf die zelotische Bewegung im weiteren Sinn in der Person Jesu, des Sohnes des Ananias, zu finden. Diese Fährte bevorzugte Martin Hengel.[33] Ananias war ein weissagender Prophet, der während der Herrschaft des Prokurators Albinus auftrat (60–62). Sein Wirken wird ausführlich von Josephus geschildert. Wir übernehmen den ersten Teil seines Berichts:

„Vier Jahre vor dem Krieg, als die Stadt noch im höchsten Maße Frieden und Wohlstand genoß, kam nämlich ein gewisser Jesus, Sohn des Ananias, ein ungebildeter Mann vom Lande zu dem Fest, bei dem es Sitte ist, daß alle Gott eine Hütte bauen, in das Heiligtum und begann unvermittelt zu rufen: ‚Eine Stimme vom Aufgang, eine Stimme vom Niedergang, eine Stimme von den vier Winden, eine Stimme über Jerusalem und den Tempel, eine Stimme über Bräutigam und Braut, eine Stimme über das ganze Volk!' So ging er in allen Gassen umher und schrie Tag und Nacht. Einige angesehene Bürger, die sich über das Unglücksgeschrei ärgerten, nahmen ihn fest und mißhandelten ihn mit vielen Schlägen. Er aber gab keinen Laut von sich, weder zu seiner Verteidigung noch eigens gegen die, die ihn schlugen, sondern stieß beharrlich weiter dieselben Rufe aus wie zuvor. Da glaubten die Obersten, was ja auch zutraf, daß den Mann eine übermenschliche Macht treibe und führten ihn zu dem Landpfleger, den die Römer damals eingesetzt hatten. Dort wurde er bis auf die Knochen durch Peitschenhiebe

[33] So schon HENGEL, Zeloten, 242, Anm. 4 und noch deutlicher HENGEL/SCHWEMER, Jesus und das Judentum, 578. Siehe auch R. MEYER, Der Prophet aus Galiläa. Studie zum Jesusbild der drei ersten Evangelien, Leipzig 1940, 108 und G. THEISSEN, Studien zur Soziologie des Urchristentums, WUNT 19, Tübingen 1979, 145.

zerfleischt, aber er flehte nicht und weinte auch nicht, sondern mit dem jammervollsten Ton, den er seiner Stimme geben konnte, antwortete er auf jeden Schlag: ‚Wehe dir, Jerusalem!'" (Bell 6,300–306; Übersetzung nach Michel/Bauernfeind II,2, 53).

Die Analogien zwischen diesem Ereignis und der Vertreibung der Händler aus dem Tempel mit den Folgen, die diese schließlich für Jesus hatten, sind zahlreich, vor allem wenn man sie, was sehr wahrscheinlich ist, mit einer Prophetie Jesu gegen das Heiligtum in Verbindung bringt (Mk 14,58parr). Gemeinsame Züge sind folgende: Das Drohwort wird gegen den Tempel ausgestoßen; es wird im Zusammenhang eines Festes ausgesprochen; es provoziert die Reaktion der priesterlichen Aristokratie, die zur Festnahme des Unruhestifters schreitet; dieser wird den Römern übergeben; er kommt übrigens, wie Jesus, vom Land.

Die Parallele ist noch überraschender,[34] wenn man die Tempelreinigung auf das Laubhüttenfest datiert, wofür eine Reihe von Indizien spricht. Die Genauigkeit, mit der Markus bei der Verfluchung des Feigenbaums feststellt, dass Jesus nichts als Blätter gefunden hat – wobei er anzeigt, dass Jesus nichts als Blätter habe finden können, da dies nicht die Zeit der Feigen (Mk 11,13) war –, scheint

---

[34] Wir erlauben uns, auf unseren Beitrag zu diesem Thema zu verweisen: Ch. Grappe, Jésus, le Temps et les Temps. À la lumière de son intervention au Temple, in: Ch. Grappe/J.-C. Ingelaer (Hg.), Le Temps et les Temps dans les littératures juives et chrétiennes au tournant de notre ère, SJSJ 112, Leiden 2006, 169–182. Der erste, der unserer Kenntnis nach eine vergleichbare Hypothese vertreten hat, ist Th.W. Manson, The Cleansing of the Temple, BJRL 33 (1950–1951), 271–282.

markinisch redaktionell zu sein. Die Vermutung legt sich nahe, dass die Szene von einem Herbst- auf einen Frühlingstermin verlegt, und dass ein Bericht, der ursprünglich mit dem Laubhüttenfest, Sukkot, verbunden war, sekundär in einen anderen Kontext verpflanzt wurde.[35] Die historische Logik spricht auch dafür, dieses Ereignis auf die Zeit während des Wallfahrtsfestes vor dem des letzten Passa[36] zu datieren. Darüber hinaus erlauben die zahlreichen Bezüge zwischen dem Ablauf der Ereignisse in Mk 11,1–9 und in Sach 14, das vom Laubhüttenfest handelt, in diese Richtung zu gehen. Tatsächlich führen die beiden Textpassagen vom Ölberg nach Jerusalem in den Tempel und legen eine Inbesitznahme des Ortes durch den „Herrn" nahe, also vom Berg jenseits des Kidrontales[37] zum Heiligtum selbst, das sich schließlich von seinen Händlern befreit findet.[38]

---

[35] Dies war schon das Argument von MANSON, Cleansing, 277–278.

[36] Jesus hätte sich so bei diesem Fest in den Augen der jüdischen Autoritäten, und insbesondere der sadduzäischen Elite, bloßgestellt, die die Herrschaft über das Heiligtum hatte, und es könnte aus Anlass seines Kommens zum folgenden Wallfahrtsfest gewesen sein, dass sie seine Verhaftung beabsichtigten.

[37] Den Ölberg (Mk 11,1//Mt 21,1 und Lk 19,28) verlässt Jesus, um Jerusalem zu betreten, und es ist eben auf diesem Berg, auf dem die Füße des HERRN (ὁ κύριος) nach Sach 14,4 stehen werden. Außerdem bezeichnet sich Jesus in der Erzählung selbst als „der HERR" (ὁ κύριος) (Mk 11,3//Mt 21,3 [siehe auch Lk 19,31]), und dies ist in den beiden ersten Evangelien das einzige Vorkommen dieses Titels mit Artikel und von ihm selbst für die eigene Person gebraucht.

[38] In der Tat kann die Aktion, die Jesus dazu führt, einmal in das Innere des Heiligtums einzudringen und die Händler und Geldwechsler zu vertreiben, ein Reflex auf das Ende von Sacharja 14 sein („Und es wird keinen Händler mehr geben im Hause des HERRN Zebaoth

Beim Weitergehen lassen die Begleiter Jesu Ps 118 oder Teile davon, die Verse 25 und 26, erschallen[39], einen Text, der eine bedeutende Rolle in der Liturgie des Laubhüttenfestes spielt.[40] Die Begleiter des Nazareners sind mit Laubwedeln (Mk 11,8) und Zweigen (Mt 21,8), die das Johannesevangelium als Palmzweige identifiziert (Joh 12,13), ausgestattet, alles Anzeichen, die es möglich machen, an den liturgischen Feststrauß, den Lulab, zu denken, der bekanntlich beim Laubhüttenfest wichtig war.[41]

Nun schließt das Buch Sacharja (14,21) nicht allein mit der Versicherung, dass es „keinen Händler mehr geben wird im Hause des HERRN Zebaoth zu der Zeit" (Übersetzung Luther 1984), sondern scheint auch eine Erklärung für dieses Phänomen zu geben: Die Heiligkeit des Raums hebt die Anwesenheit von Händlern auf. Sie hatten bis dahin die Rolle von Mittelsmännern gespielt, beauftragt im Blick auf die Feier des Gottesdienstes, in dem sie den Wechsel des profanen Geldes gegen reines Geld oder gegen rituell reine Tiere sicherten. Ihre Anwesenheit wird unnötig, denn die profane Sphäre ist von jetzt an vollständig von Heiligkeit durchdrungen.[42] Aus dieser

---

zu der Zeit", Vers 21), auch wenn die Evangelien diese Stelle nicht ausdrücklich erwähnen, so spielt doch das Johannesevangelium aller Wahrscheinlichkeit nach darauf an.

[39] Mk 11,9–10//Mt 21,9 und Lk 19,38; Joh 12,13.

[40] Die Menge, ausgestattet mit dem *lulab*, rief durchgehend den Vers 25 aus („O HERR hilf, o HERR lass wohlgelingen"), eine Hoffnung, die messianisch bestimmt ist (mSuk 4,5).

[41] mSuk 3,1–4,7.

[42] Das wollen die Verse 20 und 21 insgesamt aussagen: „Zu der Zeit wird auf den Schellen der Rosse stehen ‚Heilig dem HERRN'. Und die Töpfe im Hause des HERRN werden dem Becken vor dem Altar

Perspektive erklärt sich der Überfall Jesu auf den Tempel nicht so sehr als eine Protestaktion gegen die Anwesenheit der Händler, sondern als Bestätigung einer auf andere Weise grundlegend verschiedenen Gegenwart, nämlich die der Gottesherrschaft, deren endzeitliches Hereinbrechen von nun an jede Vermittlung durch Opfer nichtig macht. Die Handlung Jesu ist nicht in erster Linie als Bruch zu verstehen, sondern als Zeichen der Vollendung. Sie manifestiert die Ankunft einer Zeit, für die versprochen ist, dass die Heiligkeit jeden ergreifen und jeden Ort durchdringen wird. Diese Erwartung im endzeitlichen Horizont ist seit dem Alten Testament belegt, und nicht allein in Sacharja 14,20–21, sondern auch an anderen Stellen wie in Jeremia 31,31–40 oder in Ezechiel 36,22–33.[43]

Es scheint also, dass das Hereinbrechen der Gottesherrschaft, eines wirklichen eschatologischen Ereignisses, nicht nur die Niederlage Satans und der bösen und unreinen Geister anzeigt. Es stellt auch ein neues Verständnis von Reinheit her, und zwar in dem Maß, in dem der Heilige Geist sich darin erweist, dass er Unreinheit verdrängt und man sie nicht mehr fürchten muss, im Gegensatz zum

---

gleichgestellt sein. Und es werden alle Töpfe in Jerusalem und Juda dem HERRN Zebaoth heilig sein, so daß alle, die da opfern wollen, kommen werden und sie nehmen und darin kochen. Und es wird keinen Händler (wörtlich: Kanaanäer) mehr geben im Hause des HERRN Zebaoth zu der Zeit" (Übersetzung Luther 1984).

[43] Die Vorstellung einer alles umfassenden Heiligkeit („all embracing Holiness") ist Gegenstand einer Untersuchung von K. W. Weyde, The Appointed Festivals of YHWH. The Festival Calendar in Leviticus 23 and the sukkôt Festival in Other Biblical Texts, FAT 2,4, Tübingen 2004, 231–233.

vorherrschenden klassischen Modell, das insbesondere die pharisäischen Rabbinen vertraten.[44]

Die Verkündigung und das Wirken Jesu beinhalten so dasselbe, was die Anführer der zelotischen Bewegung erwarteten, nämlich die Ankunft der Gottesherrschaft; dies aber auf einem anderen Gebiet. Gewiss, sie begrenzten sich nicht allein auf den politischen Bereich, noch haben sie ihm Priorität gegeben. Sie stellten in erster Linie und grundlegend eine neue Beziehung zur Zeit und zur Welt her, in dem Maße, in dem der Heilige Geist offenkundig schon Bedingungen der Möglichkeit einer Gemeinschaft schafft, die zugleich vollkommen und endgültig inmitten der genannten Gottesherrschaft ist. Das drückt auch auf seine Weise die Kontroverse über das Fasten aus, und zwar in dem *logion*, in dem Jesus die Zeit seiner Gegenwart unter den Seinen wie die Zeit der Hochzeit oder der Mahlgemeinschaft, die das Fasten und als Folge davon jede Form von Sühne unnötig und überflüssig machen: „Wie können die Hochzeitsgäste fasten, während der Bräutigam bei ihnen ist?" (Mk 2,19parr).[45]

---

[44] Vergleiche insbesondere dazu Ch. Grappe, Jésus et l'impureté, RHPR 84 (2004), 393–417. Unserer Kenntnis nach hat K. Berger, Jesus als Pharisäer und frühe Christen als Pharisäer, NT 30 (1988), 231–262 (hier: 238–251), als erster die These vertreten, nach der Jesus eine neue offensive Auffassung von Reinheit eingeführt hat. Th. Kazen, Jesus and Purity Halahah: Was Jesus Indifferent to Impurity, CB.NT 38, Stockholm 2002, anerkennt die Pionierarbeit Bergers (23) und stimmt ihm in seinen Schlussfolgerungen zu (346).

[45] Siehe dazu Ch. Grappe/A. Marx, Sacrifice. Vocation et subversion du sacrifice dans les deux Testaments, EssBib 29, Genève 1998, 50–54. Man könnte sich auch beziehen auf Hengel/Schwemer, Jesus und das Judentum, 336: „Die Antwort Jesu auf die Fastenfrage Mk

Wenden wir uns jetzt der Art und Weise zu, in der die Angaben, die wir über die Zeloten besitzen, Licht auf eine Erklärung nicht nur des historischen Jesus, sondern auch des Jesus der Evangelien werfen können.

Josephus spricht im Jüdischen Krieg auf eher sybillinische Weise vom Verhalten der Juden:

> „Was sie aber am meisten zum Krieg aufstachelte, war eine zweideutige Weissagung, die sich ebenfalls in den heiligen Schriften fand, daß in jener Zeit einer aus ihrem Land über die bewohnte Erde herrschen werde" (Übersetzung nach Michel/Bauernfeind II,2, 55).[46]

Hengel kommentiert diesen Abschnitt, indem er von der Tatsache ausgeht, dass Dan 7,13ff. am häufigsten zur Erklärung herangezogen wird. Er neigt indessen dazu auszuschließen, dass dies der Fall sei, denn der Menschensohn, der betrachtet wird als ein himmlisches Wesen oder als eine Personifikation des Volkes Israel, konnte schwerlich in einem Juden aufgehen, der berufen war, die Welt zu regieren. Er verweist darum auf den Jerusalemer Talmud, Taanit 68d, wo berichtet wird, dass Rabbi Aqiba in Simon bar Kochba den aufgehenden Stern aus Jakob nach der

2,18f. verweist auf das radikal Neue, das die Zeit des Täufers von der Zeit Jesus scheidet. Es ist der Unterschied zwischen der Ankündigung des kommenden, rein zukünftigen und der Proklamation des jetzt anbrechenden Heils: ‚Wie können die Hochzeitsgäste fasten, solange der Bräutigam unter ihnen ist?' Die Metapher von der *Hochzeit* ist in den Gleichnissen Jesu Ausdruck für die Gottesherrschaft selbst: Der Bräutigam ist der, der sie bringt. Die Antwort Jesus deutet so auf den äußerlich verborgenen Anbruch des Gottesreiches in seinem Wirken hin. Es gibt hier keinen Raum für asketische Bußübungen mehr."

[46] Flavius Josephus, Bell 6,312.

Weissagung des Bileam erkannte, und vertritt die Auffassung, dass der fragliche Text auf Num 24,17 zurückgeht.[47]

Die Prophetie des Bileam scheint also eine äußerst wichtige Rolle bei den Eiferern des Gesetzes gespielt zu haben. Ihre Bedeutung wird weiterhin bestätigt durch Belege aus Qumran und der intertestamentarischen Literatur im allgemeinen. In 4Q175,9–13 ist sie Gegenstand eines eindeutig messianischen Verständnisses und wird noch an anderen Stellen zitiert und erklärt.[48] Sie spielt auch eine wichtige Rolle in den Testamenten der Zwölf Patriarchen,[49] in den Sibyllinen[50] und wird in einer ausdrücklich messianischen Weise in den Targumim und an mehreren Orten in der rabbinischen Literatur[51] verstanden. Martin Hengel macht geltend, dass in dem Bericht

---

[47] Hengel, Zeloten, 244–246.

[48] So in der Damaskusschrift CD 7,18–21; Kriegsregel 1QM 11,6–7. Siehe zu dieser Frage J. J. Collins, The Scepter and the Star. The Messiahs of the Dead Sea Scrolls and Other Ancient Literature, The Anchor Bible Reference Library, New York 1995, 61.78.80.202; J. Zimmermann, Messianische Texte aus Qumran. Königliche, priesterliche und prophetische Messiasvorstellungen in den Schriftfunden von Qumran, WUNT 2, 104, Tübingen 1998, 96–98.259–260.459; S. Schreiber, Gesalbter und König. Titel und Konzeptionen der königlichen Gesalbtenerwartung in frühjüdischen und urchristlichen Schriften, BZNW 105, Berlin / New York 2000, 220–222.249–252.

[49] So auch TestLev 18,3 und TestJud 24,1–5. Siehe dazu vor allem Schreiber, Gesalbter, 249–252.

[50] Sib V,155–161. In diesem Sinn vor allem Schreiber, Gesalbter, 265–266 (mit ausführlicher Bibliographie); A. Chester, Messiah and Exaltation. Jewish Messianic and Visionary Traditions and New Testament Christology, WUNT 207, 402.

[51] Siehe dazu schon [H. L. Strack] / P. Billerbeck, Kommentar zum Neuen Testament aus Talmud und Midrasch. Bd. 1, Das Evangelium nach Matthäus, München 1926, 76–77.

die Magier, die wie Bileam[52] aus dem Osten kommen, davon absehen, Israel zu verfluchen, sondern in Jesus den Herrscher der Welt[53] anerkennen. An diese anregende Parallele zwischen den beiden Berichten kann sich unseres Erachtens eine andere, antithetische und die Situation betreffende Parallele anschließen. Der Messias, den der Stern bezeichnet, kommt nicht selbst, um einen siegreichen Kampf zu führen, eben im Gegensatz zu dem, was sich die Eiferer für das Gesetz und in ihrem Gefolge Bar Kochba vorgenommen haben. Die Niedrigkeit seiner Geburt in einem Stall zeigt die Paradoxie seiner Herrschaft an, die weder bewaffnete Gewalt noch Zwang anwendet, sondern ihn ans Kreuz führen wird.

Unter einem vergleichbaren Blickwinkel wird, so scheint es uns, ein interessantes Licht auf die Berichte der Brotvermehrung und des Seewandels geworfen.

In der Tat berichtet Josephus von Propheten, die Zeichen vollbrachten, wie von Theudas oder dem Ägypter, die sich anboten, Wunder zu vollbringen wie beim Auszug aus Ägypten und der Landnahme.

Wir hören zunächst, was er über den ersten sagt:

---

[52] Mt 2,1//Num 23,7.

[53] M. Hengel/H. Merkel, Die Magier aus dem Osten und die Flucht nach Ägypten (Mt 2) im Rahmen der antiken Religionsgeschichte und der Theologie des Matthäus, in: Hengel, Jesus und die Evangelien. Kleine Schriften V, 323–351 [hier: 328–329] (= in: P. Hoffmann in Zusammenarbeit mit N. Brox und W. Pesch (Hg.), Orientierung an Jesus. Zur Theologie der Synoptiker. Für Josef Schmid, Freiburg 1973, 139–169 [hier: 144–145]) sehen ebenfalls, E. Lohmeyer folgend (E. Lohmeyer, Der Stern der Weisen, TBl 17 [1938], 289–299), im Bericht vom Kommen der Magier nach Bethlehem (Mt 2,1–12) eine Anspielung zugleich an Num 24,17 und an Num 23,7.

„Noch während Fadus Landpfleger von Judaea war, bewog ein Betrüger mit Namen Theudas eine ungeheure Menschenmenge, ihm unter Mitnahme ihrer gesamten Habe an den Jordan zu folgen. Er gab sich nämlich für einen Propheten aus und behauptete, er könne durch sein Machtwort die Fluten des Jordan teilen und seinem Gefolge einen bequemen Durchgang ermöglichen" (Ant 20,5,1; Übersetzung nach Clementz, Jüdische Altertümer II, 651).

Auch wenn Josephus offenkundig keine Sympathie für die Gestalt hat und ihn für einen Scharlatan hält, so kann er doch nicht seinen Autoritätsanspruch ignorieren und verschweigen, dass er sich für einen Propheten hielt. Dieser Prophet hat offenkundig seine Tat in einer Linie mit Mose gesehen, und, vielleicht noch viel mehr, mit Josua. Er bot sich tatsächlich an, den wunderbaren Jordanübergang beim Eintritt in das Gelobte Land (Jos 3) erneut zu vollbringen, ein Wunder, das ihn zu einem Wiederbringer des Durchzugs durchs Schilfmeer (Ex 14) zu Beginn des Auszugs aus Ägypten machte. Das Motiv der eschatologischen Wiederholung von Gründungswundern, die die Befreiung des Volkes und die Landnahme zeigen, ist seit Jesaja 11,15–16 und erneut in 4 Esra 13,46–47 bezeugt. Das lässt kaum einen Zweifel aufkommen, dass Theudas, der sich selbst als Mose, oder noch wahrscheinlicher, als *Josua redivivus* betrachtete, als der angekündigte Prophet „wie Mose" von Dtn 18,15.18–19 auftrat.

Der Ägypter, der ein wenig später als Theudas auftritt, wird von Josephus zugleich im Jüdischen Krieg und in den Jüdischen Altertümern[54] beschrieben, und wir hören hier den ersten Bericht:

---

[54] Flavius Josephus, Bell 2,261–263//Ant 20,169–171.

„Einen noch größeren Schaden fügte den Juden der falsche Prophet aus Ägypten zu. Es kam nämlich ein betrügerischer Wundertäter ins Land, der sich selbst für einen Propheten ausgab und 30 000 Opfer seines Betruges um sich sammelte. Er führte sie auf Umwegen von der Wüste auf den sogenannten Ölberg (περιαγαγὼν δὲ αὐτοὺς ἐκ τῆς ἐρεμίας εἰς τὸ ἐλαιῶν καλούμενον ὄρος), von dort hätte er mit Hilfe seiner bewaffneten Begleiter gewaltsam in Jerusalem eindringen, die römische Besatzung überrumpeln und sich zum Herrscher über das Volk aufwerfen können. Felix aber kam seinem Angriff zuvor und trat ihm mit den römischen Soldaten entgegen; auch das ganze Volk beteiligte sich an der Abwehr, so daß der Ägypter in dem folgenden Gefecht zwar mit Wenigen entfliehen konnte, die meisten seiner Anhänger aber getötet oder gefangen wurden. Der Rest zerstreute sich und jeder suchte sich zu Hause zu verbergen" (Bell 2,261–63; Übersetzung nach Michel/Bauernfeind I, 233).

Erneut kann Josephus nicht der Sympathie gegenüber dieser Gestalt verdächtigt werden, die vorgibt, Prophet zu sein, und die er seinerseits unter die falschen Propheten einordnet. Der Ägypter behauptete, er könne die wunderhafte Erstürmung Jerichos (Jos 6,1–21) wiederholen und dadurch eine neue Landnahme einleiten, wie sein Plan, die Heilige Stadt zu belagern, zeigt. Auch hier ist das Vorbild deutlich von der Gestalt des Josua geprägt, vom Vorbild des „Propheten wie Mose", der bestimmt ist, sich in der Endzeit zu offenbaren. Jedenfalls fehlt auch der Bezug zum Auszug aus Ägypten nicht, vor allem angesichts der Erwähnung der Umwege, auf denen der Ägypter die Seinen aus der Wüste zum Ölberg führte (Bellum II, 261). Ganz bewusst ist das Verb *periago* verwendet, das schon in Amos 2,10 das Umherirren des Volks während der vierzig Jahre in der Wüste verdeutlicht.

Über Theudas und den Ägypter hinaus traten andere Personen auf, die sich aller Wahrscheinlichkeit nach ebenfalls auf den Auszug aus Ägypten bezogen, um dadurch besser die rettende und eschatologische Bedeutung ihrer Tat zu bezeichnen. So hat Josephus ebenso sehr im „Jüdischen Krieg“ wie in den „Jüdischen Altertümern“[55] von anonymen Gestalten berichtet, die, wie der Ägypter, während der Herrschaft des Antonius Felix hervorgetreten sind. Wir beschränken uns hier auf die Darstellung in den „Jüdischen Altertümern“:

> „Infolge des Treibens der Räuber war die ganze Stadt ein Schauplatz der nichtswürdigsten Verbrechen. Gleichzeitig traten auch Gaukler und Betrüger (οἱ δὲ γόητες καὶ ἀπατεῶνες ἄνθρωποι) auf und beredeten die Menge, ihnen in die Wüste (τὸν ὄχλον ἔπειθον αὐτοῖς εἰς τὴν ἐρημίαν ἕπεσθαι) zu folgen, wo sie mit Gottes Beistand (ἐναργῆ τέρατα καὶ σημεῖα κατὰ τὴν τοῦ θεοῦ πρόνοιαν γινόμενα) offenbare Zeichen und Wunder thun würden. Viele glaubten ihnen, mussten aber für ihren Unverstand schwer büssen, da Felix sie zurückholen und hinrichten ließ“ (Ant 20,167–168; Übersetzung nach Clementz, Jüdische Altertümer II, 622).

Die „Zeichen und Wunder“ (τέρατα καὶ σημεῖα), die diese Gestalten zu zeigen vorgaben, können allein schon an den Auszug aus Ägypten erinnern, denn das ganze Wortfeld ist im Ersten Testament und besonders nach dem Deuteronomium[56] mit dem Auszug aus Ägypten verbunden.

---

[55] Flavius Josephus, Bell 2,258–259//Ant 20,167–168.

[56] Ex 7,3.9; 11,9.10; Dtn 4,34; 6,22; 7,19; 11,3; 13,3 [*a contrario*]; 26,8; 28,46; 29,2; 34,11. Siehe vor allem in diesem Sinn C. A. Evans, Aspects of Exile and Restoration in the Proclamation of Jesus and in the Gospels, in: B. Chilton/C. A. Evans (Hg.), Jesus in Context. Temple, Purity, and Restoration, AGJU 39, Leiden 1997, 267, der geltend

Der Umweg durch die Wüste verstärkt diesen Bezug auf den Auszug.

Kehren wir jetzt zum narrativen Zusammenhang, der durch die beiden Berichte der Brotvermehrung und des Seewandels geschaffen wird, zurück (Mk 6,30–52parr).[57]

Einige Züge in diesen Berichten finden eine ungewöhnliche Erklärung im Licht der Auszugsberichte und der Nachrichten, die uns Josephus überliefert hat. Die Brotvermehrung findet ebenfalls an einem „wüsten Ort“ statt (Mk 6,35//Mt 14,15//Lk 9,12).[58] Die Anordnung der Menge zu Fünfziger- und Hundertergruppen nach dem Bericht des Markus (Mk 6,40) erinnert an die Organisation des Volks in der Wüste (Ex 18,21.25 etc.).[59] Darüber hinaus führt die johanneische Fassung (Joh 6,15) zur Anerkenntnis Jesu als „des Propheten“, da hier das Zeichen (σημεῖον) beschrieben wird, das er getan hat. Das kann uns ermutigen, einen Schritt weiter zu gehen in Richtung einer Parallele der Berichte vom Auszug aus Ägypten (Dtn 18,15.18.19) und den Zeichenpropheten/Wunderpropheten des Jose-

macht, dass die Erwähnung von Zeichen in der Wüste bereits in der Exodustradition belegt ist (Num 14,22).

[57] Man beachte, dass die Parallelen Joh 6,1–21 einschließen, ein Zeichen für die Bedeutung, die Stärke und die Zusammengehörigkeit, das dieses narrative Ensemble in der Tradition bekleidete.

[58] Diese Verbindung war schon von D. F. Strauss, Das Leben Jesu, kritisch bearbeitet. Zweiter Band, Tübingen 1836, 215–218 vollzogen worden.

[59] J. Marcus, Mark 1–8. A New Translation with Introduction and Commentary, AncB 27, New York 2000, 418–419 nennt weitere Beispiele von mosaischen und auf den Auszug bezogenen Anspielungen im markinischen Bericht über die Brotvermehrung.

phus[60], zumal der Kontext der Brotvermehrung dort österlich ist (Joh 6,4), und die Episode ausdrücklich in Bezug auf das Manna berichtet wird (Joh 6,31.49). Die Symbolik des Seewandels verweist selbst schon auf Ex 14. Und wie erwähnt wird, dass das Ereignis in der letzten Nachtwache stattfand (Mk 6,48//Mt 14,25), so kann eine ganz besondere Parallele zu Ex 14,24 aufgezeigt werden. Andere Angaben des Berichts können in Zusammenhang mit der Passabefreiung verstanden werden, so der Schrecken der Jünger oder die Selbstvorstellung Jesu mit dem „Ich bin"[61]. Und diese Verknüpfungen erscheinen umso berechtigter, als die Passahaggada den Durchzug durchs Schilfmeer und die Gabe des Manna verknüpft.[62]

Es erscheint uns völlig plausibel, dass die Tradition im vorliegenden Fall von nun an versucht hat, Jesus mit den Zügen eines neuen Mose darzustellen um zu zeigen, dass er nicht weniger war als die anderen Propheten, die Zeichen vollbrachten. Ein ähnliches Unterfangen kann sehr weit in die Zeit zurückgehen, und es ist sehr wahrscheinlich,

---

[60] So schon MEYER, Prophet, 25–26 und 111.

[61] So vor allem R. E. BROWN, The Gospel according to John (I–XII). Introduction, Translation and Notes, AncB 29A, New York 1966, 255 und MARCUS, Mark 1–8, 431–432. Das Erschrecken der Jünger erscheint wie ein Echo auf das der Wasser im Augenblick, in dem sie Gott sehen, wie es in der Relecture in Ps 76,16 [LXX] vom Durchzug durchs Schilfmeer erfolgt. Nach dem Targum (Ps 77,20) überträgt sich dieses Erschrecken der Wasser auf das Volk. Die Selbstvorstellung Jesu nimmt möglicherweise Bezug auf Jes 51,12, wo ein doppeltes göttliches „Ich bin" erschallt, während die künftigen Befreiungen des Volkes mit Bezug auf den Auszug aus Ägypten im Licht des Durchzugs durch das Schilfmeer gesehen werden.

[62] So BROWN, John, und MARCUS, Mark 1–8, 432.

dass Gestalten wie Theudas oder der Ägypter in der Antike innerhalb des palästinischen Judenchristentums als Rivalen Jesu Christi aufgefasst wurden. Es genügte darum nicht nur zu zeigen, dass Jesus hinter diesen Gestalten in nichts zurückstand, sondern auch, dass sich sein Handeln sehr von ihrem unterschied und es übertraf. Auf diese Weise ist der narrative Zusammenhang, der durch die Brotvermehrung und den Seewandel konstituiert wird, ein Rückgriff auf die Auszugstypologie, ohne dass behauptet würde, dass Jesus, wie die Zeichenpropheten, von einem Modell der Landnahme bestimmt war, das eine politisch-militärische Befreiungsbewegung hervorrufen sollte. Der doppelte Bericht verweist im Gegensatz dazu auf den gegenwärtigen Beginn einer neuen Ära, die im wesentlichen eschatologisch ist und die vom Vorbild der Fürsorge Gottes für sein Volk während der Wüstenwanderung und nicht vom Vorbild der Landnahme bestimmt ist.

Auf diese Weise bleibt man dem, was sich im Herzen der Botschaft Jesu mit seiner Verkündigung des Hereinbrechens der Gottesherrschaft in Wort und Tat findet, treu. Aber mit Berichten wie denen vom Kommen der Magier, der Brotvermehrung und dem Seewandel werden nun die Ankunft und das Wirken Jesu in ihrer Gesamtheit zum Gegenstand einer Relecture, und zwar im Hinblick auf eine neue eschatologische Beziehung zu der Zeit, die diese Verkündigung des Hereinbrechens der Gottesherrschaft hervorgebracht hat.

(Übersetzung aus dem Französischen: Hermann Lichtenberger)

Niclas Förster

Die zelotische Ablehnung römischer Steuern und Münzen: eine neue patristische Quelle

Die historische Wende, die der Census des Quirinius im Jahr 6. n.Chr. für Judäa und für die von diesem Zeitpunkt an beginnenden Unruhen und Aufstände gegen die römische Herrschaft bedeutete, ist in der Forschung wohl unumstritten. Schon Josephus hebt dieses Faktum in seinen Geschichtswerken, vor allem in den *Antiquitates*, hervor.[1] Martin Hengel hat diese Zusammenhänge in seinem Zelotenbuch in noch immer für die Forschung wegweisender Form herausgearbeitet.[2] Dies gilt auch für seine Aufarbeitung des verstreuten und zudem vielfach im Blick auf die historischen Vorgänge und die religiöse Motivation der wesentlichen Akteure wenig präzisen Quellenmaterials, das etwa bei Josephus durch den prorömischen Standpunkt des Autors und durch seine Apologetik geprägt ist.[3] Dabei macht Martin Hengel schon auf den Wert christlich-patristischer Berichte aufmerksam, deren Inhalte

---

[1] Josephus, Ant 18,7–9 bzw. 23–25.

[2] M. Hengel, Die Zeloten. Untersuchungen zur jüdischen Freiheitsbewegung in der Zeit von Herodes I. bis 70 n.Chr., 3., durchgesehene und ergänzte Auflage, hg.v. R. Deines und C.-J. Thornton, WUNT 283, Tübingen 2011, 329–336; Zitate und Verweise nach dieser 3. Auflage.

[3] Hengel, Zeloten, 6–24.

allerdings stets durch anderes Quellenmaterial, wie etwa rabbinische Überlieferungen, verifiziert werden müssen. Dies gilt insbesondere für die von Hippolyt in seiner nach 222 n. Chr.[4] verfassten *Refutatio omnium haeresium* festgehaltenen Nachrichten über jüdische Aufständische[5], die sich laut Hippolyt selbst den Namen „Zeloten" gaben. Martin Hengel resümiert über die Tradition Hippolyts, „man wird ihr in Bezug auf ihren historischen Wahrheitsgehalt Vertrauen schenken dürfen".[6] Die von Hengel bereits ausführlich analysierten Mitteilungen Hippolyts lassen sich nun aber durch eine weitere patristische Quelle ergänzen bzw. in ihrer vollen politischen Tragweite erst verstehen, die m. E. dasselbe Überlieferungsmaterial wie Hippolyt aufgreift, aber in einigen Punkten noch über die Exzerpte Hippolyts hinausgeht. Dabei handelt es sich um die kleine Abhandlung *De haeresibus Judaeorum* des Pseudo-Hieronymus, die dem die christlichen Häretiker behandelnden *Indiculus de haeresibus* desselben Autors als eine Art Vorspann vorangestellt ist – so in der einzigen heute äußerst seltenen Druckausgabe von 1617[7] – bzw. als eine Art Anhang mit eigener Überschrift am Ende

---

[4] Diese Schrift diente vornehmlich zur Widerlegung gnostischer Gruppen und ihrer Lehrsysteme; zu ihrer Datierung vgl. H. R. Drobner, Lehrbuch der Patrologie, Freiburg / Basel / Wien 1994, 100–101; B. R. Suchla, Art. Hippolyt, in: S. Döpp / W. Geerlings u.a (Hg.), Lexikon der antiken christlichen Literatur, Freiburg / Basel / Wien ²1999, 298.

[5] Ref IX 26,1–3.

[6] Hengel, Zeloten, 201.

[7] Sancti Hieronymi Stridoniensis Indiculus de haeresibus Judaeorum. Nunc primum in lucem editus cura Cl. Menardi, Paris 1617.

angefügt ist – so in der einzigen erhaltenen Handschrift, die in der Mitte des 9. Jh.s wohl in Cordoba abgeschrieben wurde und sich heute in der Bibliothek der *Real Academia de la Historia* in Madrid befindet.[8] Martin Hengel hat diese Quelle über das Judentum in seinem Zelotenbuch nicht berücksichtigt.[9] Er steht damit nicht allein, ist sie doch in der gesamten übrigen Forschung, auch von kirchenhistorischer Seite, bisher nur äußerst selten beachtet worden.[10] Demzufolge gibt es bisher auch noch keine wissenschaftliche Edition, eine solche wird jetzt zum ersten Mal im Rahmen meiner in Tübingen erschienenen Habilitationsschrift vorgelegt.[11]

Beginnen wir mit einigen kurzen Bemerkungen zu Entstehungszeit, Abfassungsort und möglichen Quellen von *De haeresibus Judaeorum*: Als Autor wird in der Handschrift

---

[8] *Codex Matritensis* 80, Fol. 17va–17vb.

[9] Alle anderen patristischen Überlieferungen, die neben Hippolyt existieren, werden von ihm daher nur kurz gestreift. Er vermutet vor allem, dass die von Justin und Hegesipp in ihren Aufzählungen jüdischer Gruppen aufgenommenen „Galiläer“ als „die Anhänger des Judas“ zu deuten seien, Hengel, Zeloten, 61. Diese Annahme wird m. E. durch Pseudo-Hieronymus bestätigt, der höchstwahrscheinlich aus diesen Autoren seine Informationen schöpfte.

[10] Eine Ausnahme sind in erster Linie die beiden Aufsätze von G. Bardy, L' „Indiculus de Haeresibus“ du Pseudo-Jérome, RSR 19 (1929), 385–405 und ders., Le „De Haeresibus“ et ses sources, in: Miscellanea Agostiniana. Testi e Studi, Bd. 2, Studi Agostiniani, Rom 1931, 397–416, die aber auf die in *De haeresibus Judaeorum* über das Judentum und die jüdischen Aufständischen gegen die Römer enthaltenen Informationen nicht näher eingehen.

[11] N. Förster, Jesus und die Steuerfrage. Die Zinsgroschenperikope auf dem religiösen und politischen Hintergrund ihrer Zeit mit einer Edition von Pseudo-Hieronymus, *De haeresibus Judaeorum*, WUNT 294, Tübingen 2012, 282–294.

und im Erstdruck der berühmte Kirchenvater Hieronymus genannt, was nach Stil und Inhalt nicht zutreffen kann. Die Datierung des Werkes ergibt sich vielmehr durch den stets gemeinsam mit *De haeresibus Judaeorum* überlieferten *Indiculus de haeresibus,* der sich mit diversen christlichen Gruppen, die die Mehrheitskirche als häretisch ansah, auseinandersetzt. Dieser *Indiculus de haeresibus* war Augustin bei der Abfassung seines 428/429 n.Chr.[12] geschriebenen antihäretischen Kompendiums *De haeresibus ad Quodvultdeum* als anonymes Werk bekannt[13] und wurde von ihm berücksichtigt.[14] Ein *terminus post* quem ergibt sich aus der Tatsache, dass der Verfasser des *Indiculus de haeresibus* in seinem Werk schon auf *De viris illustribus* des Hieronymus als eine seiner Quellen zurückgreifen konnte. Diese Abhandlung hatte Hieronymus 393 n.Chr. vollendet.[15] Aus

[12] Zu diesem Werk s. W. Geerlings, Art. Augustinus, in: S. Döpp/ders. u.a. (Hg.), Lexikon, 80 sowie Drobner, Lehrbuch, 360.

[13] Augustin weist sogar *expressis verbis* auf den *Indiculus de haeresibus* als seine Quelle für ein Zitat über die Gruppe der Luciferaner hin, *De haeresibus ad Quodvultdeum*, 81 (Text: Sancti Aurelii Augustini De Haeresibus ad Quodvultdeum Liber unus, Aurelii Augustini opera, Pars XIII, 2, CChr.SL 46, cura et studio R. Vander Plaetse/C. Beukers, Turnholt 1969, 336, 6–10). Die von Augustin angeführte Passage findet sich im *Indiculus de haeresibus* 25; vgl. dazu Förster, Jesus, 284.

[14] Interessanterweise schließt sich in der einzigen Handschrift, dem *Codex Matritensis* 80, ab Fol. 17rc eine Abschrift der Augustinschrift *De haeresibus ad Quodvultdeum* unmittelbar mit eigener Überschrift, beginnend mit dem einleitenden Briefwechsel mit Quodvultdeus, an den *Indiculus de haeresibus* des Pseudo-Hieronymus an; s. dazu Förster, Jesus, 283–284. In dieser Reihenfolge könnte sich ein Zusammenhang andeuten, der auch dem Schreiber der Sammelhandschrift, die heute in Madrid aufbewahrt wird, bewusst gewesen sein dürfte.

[15] Die Novatian und seine Gruppe betreffende Passage in *Indiculus de haeresibus* 33 stimmt z.B. mit *De viris illustribus* 79 (Text: Hieronymi

diesen Eckdaten lässt sich ableiten, dass sowohl der *Indiculus de haeresibus* als auch *De haeresibus Judaeorum* – beide Schriften treten in der Überlieferung stets gemeinsam auf und dürften zur selben Zeit geschrieben sein – um 400 n. Chr. abgefasst sein dürften.[16] Als Abfassungsort kommt Palästina in Frage, was sich aus einer Bemerkung in *De haeresibus Judaeorum* erschließen lässt. Der Autor setzt dort nämlich die Samaritaner als „zweifellos allen bekannt" (procul dubio omnibus nota) voraus,[17] weshalb er es sich erspart, ihre Besonderheiten gegenüber den übrigen Juden genauer auszuführen. Dies dürfte am ehesten in Palästina der Fall gewesen sein, wo die Samaritaner in der Spätantike eine große und relativ einflussreiche Gruppierung darstellten, deren spezielle Gebräuche man daher nicht unbedingt ausführlich erklären musste.[18] Auffällig ist zudem: *De haeresibus Judaeorum* ist auf Latein abgefasst, der Autor selbst ist aber offenbar zweisprachig, ja entstammt wahrscheinlich einem vornehmlich griechischsprachigen

---

De viris inlustribus liber. Accedit Gennadii catalogus virorum inlustrium, ex recensione G. HERDINGII, Leipzig 1924, 46) überein. Weitere Parallelstellen finden sich aufgelistet bei BARDY, L'Indiculus, 393; vgl. auch FÖRSTER, Jesus, 285.

[16] Diese Datierung vertreten ebenfalls E. DEKKERS / E. GAAR, Clavis Patrum Latinorum, qua in corpus Christianorum edendum optimas quasque Scriptorum recensiones a Tertulliano ad Bedam commode recludit E. D. Opera usus qua rem praeparavit et iuvit E. G., CChr. SL, Steenbrugge 1995 (3. verb. Aufl.), Nr. 636; BARDY, L'Indiculus, 394.405 sowie H.-Ch. PUECH, Histoire de l'ancienne église et patristique, AEPHE.R 1960/61, 112–115, hier: 112; vgl. FÖRSTER, Jesus, 284.

[17] Diese Stelle findet sich in meiner Edition von *De haeresibus Judaeorum*, Z. 41–42; vgl. FÖRSTER, Jesus, 293.

[18] Vgl. zur Diskussion dieser speziellen Informationen des Autors von *De haeresibus Judaeorum* über die Samaritaner FÖRSTER, Jesus, 286.

Milieu, was auf Palästina mit Sicherheit zutraf. Der Einfluss des Griechischen macht sich bei ihm nämlich bis in die Vokalisation einzelner lateinischer Wörter hinein bemerkbar; so übernimmt er den Itazismus des Griechischen bei gewissen lateinischen Begriffen, worauf noch zurückzukommen sein wird.[19]

Überblickt man den Inhalt von *De haeresibus Judaeorum*, so ist er – sieht man einmal von der kurzen Bemerkung über die Samaritaner ab – vom Verfasser mit Sicherheit nicht durch Beobachtung des zeitgenössischen Judentums gewonnen worden. Er wertete in *De haeresibus Judaeorum* vielmehr ältere griechischsprachige patristische Quellen aus, die er äußerst knapp zusammenfasste und ins Lateinische übersetzte. Dabei übernimmt er – ohne irgendwelche durch die zwischenzeitliche historische Entwicklung des Judentums eigentlich notwendig gewordene Modifikationen – den eine frühere Epoche widerspiegelnden Standpunkt seiner Vorlagen. Beispielsweise behandelt er die Essener oder Sadduzäer, die zu seiner Zeit als eigenständige jüdische Gruppe sicherlich untergegangen waren, so, als seien sie noch immer innerhalb des Judentums existent. Auch im Hinblick auf die Aufständischen gegen die römische Herrschaft, lässt sich dieselbe Übernahme älteren Materials nachweisen. Er teilt z. B. mit, sie hätten kaiserliche Münzen boykottiert, worauf ich noch eingehen werde. Auch dieses Detail entspricht gewiss nicht dem allgemeinen Usus des spätantiken Judentums, wird doch die Verwendung römischen Geldes in rabbinischen Quellen

[19] S. u. Anm. 37.

ausdrücklich gestattet. So findet sich z. B. in der *Tosefta* eine Liste von erlaubten „gering geachteten“ Gegenständen (ועל הנבזין)[20] mit Bildern, zu denen „Kessel, Wasserwärmer, Tiegel, Kochgeschirr, Becken, Tücher und Münzen“[21] zählen.

Der Quellenwert von *De haeresibus Judaeorum* hängt also in vieler Hinsicht von diesen vom Autor (weitgehend unkritisch) exzerpierten und übersetzten patristischen Vorlagen ab. Die aus ihnen entnommenen Informationen fügte der Verfasser dann zu einem erstaunlich neutralen und, obwohl er mit Sicherheit Christ war, von keiner christlichen Polemik verzerrten Gesamtbild zusammen. Das Judentum bestand demnach aus folgenden zehn mehr oder minder großen Untergruppen: Essener, Galiläer, Masbotäer, Pharisäer, Sadduzäer, Genisten, Meristen, Samaritaner, Herodianer und Hemerobaptisten, die sich durch Gemeinsamkeiten und Besonderheiten der religiö-

---

[20] mAZ 3,3 (Text: Die Mischna. Textkritische Ausgabe mit deutscher Übersetzung und Kommentar, ʿAvoda Sara. Götzendienst, bearb. v. M. Krupp, Jerusalem 2002, 17).

[21] tAZ 5,1 (Text: Tosephta Based on the Erfurt and Vienna Codices with Parallels and Variants by M. S. Zuckermandel, Jerusalem 1963 [Nachdruck der Ausgabe 1881], 468):
כגון היורות מחמי חמין הטיגנין והקוקמסין והספלין יהסדינין והמטבע. Zur Diskussion dieser Stelle s. G. J. Blidstein, R. Yohanan, Idolatry, and Public Privilege, JSJ 5 (1974), 154–161, hier: 161; N. Belayche, Iudaea-Palaestina. The Pagan Cults in Roman Palestine (Second to Fourth Century), RRP 1, Tübingen 2001, 40–41; N. Förster, Bemerkungen zum Aufstand des Judas Galilaeus sowie zum biblischen Bilderverbot bei Josephus, Hippolyt und Pseudo-Hieronymus, in: J. Pastor / P. Stern / M. Mor (Hg.), Flavius Josephus. Interpretation and History, JSJ Suppl. 146, Leiden / Boston 2011, 87–109, hier: 103, sowie ders., Jesus, 130.

sen Praxis und ihrer Überzeugungen auszeichnen. Ein in den Augen des Pseudo-Hieronymus wichtiger Punkt ist es dabei, die jeweilige Beziehung zum Messias genau anzugeben. So gibt es nach *De haeresibus Judaeorum* – neben Jesus, was stillschweigend vorausgesetzt wird – eine ganze Reihe jüdischer Christus-Gestalten, d. h. den Christus der Essener, der Galiläer, der Masbotäer und der Herodianer, die alle bereits gelebt und ihre jeweiligen Anhänger maßgeblich in ihrer Lehre beeinflusst hätten. Nur die Pharisäer hätten bestritten, dass der Christus schon gekommen sei. Alle anderen hätten jedoch zumeist ihren jeweiligen eigenen jüdischen Christus, der aber, dies kann man nur erschließen, denn es wird an keiner Stelle explizit gesagt, ähnlich wie Jesus bereits gestorben sei.

Woher hat der Autor von *De haeresibus Judaeorum* diese Angaben bezogen? Als Quellen kommen neben Justin dem Märtyrer, der als Einziger neben *De haeresibus Judaeorum* die sog. Genisten und Meristen als jüdische Gruppen erwähnt, vor allem die heute verlorenen *Hypomnemata* (ὑπομνήματα) des Hegesipp infrage.[22] Hegesipp lebte in der zweiten Hälfte des 2. Jh.s n. Chr. und war vielleicht sogar, wie der Kirchenhistoriker Eusebius vorauszusetzen

[22] Zu diesem heute verlorenen Werk s. A. HARNACK, Geschichte der altchristlichen Literatur bis Eusebius, 1. Tl. Die Überlieferung und der Bestand der altchristlichen Literatur bis Eusebius, bearb. unter Mitwirkung v. E. PREUSCHEN, Leipzig 1893, 483–484; N. HYLDAHL, Hegesipps Hypomnemata, StTh 14, 1960, 70–113, hier: 71–81; F. St. JONES, Hegesippus as a Source for the History of Jewish Christianity, in: S. C. Mimouni / F. St. Jones (Hg.), Le Judéo-Christianisme dans tous ses états. Actes du colloque de Jérusalem 6–10 Juillet 1998, Paris 2001, 201–212, hier: 203–206 und FÖRSTER, Jesus, 296–297.

scheint, jüdischer Herkunft.[23] Palästina hatte er jedenfalls besucht und war mit den örtlichen Verhältnissen vertraut. Daher berichtete er in seinem Werk u. a. über die Geschichte der christlichen Gemeinde in Jerusalem, wie z. B. über den Märtyrertod des Herrenbruders Jakobus. Für uns ist nun folgendes Detail in Hegesipps Auseinandersetzung mit christlichen Häretikern von Interesse:[24] Eusebius teilt in seiner *Historia ecclesiastica* mit, Hegesipp habe, „die falschen Christusse, die falschen Propheten und die falschen Apostel", die die Kirche zerstörten,[25] von den „sieben Sekten" (ἑπτὰ αἱρέσεις) der Juden abgeleitet und daher deren „verschiedene Anschauungen gegenüber dem Stamm Juda und gegenüber Christus, nämlich die Essener, Galiläer, Hemerobaptisten, Masbothäer, Samaritaner, Sadduzäer und Pharisäer"[26] referiert. Hegesipp differenziert

---

[23] *Historia ecclesiastica* 4,22,9 (Text: Eusebius, Kirchengeschichte, hg. v. E. Schwartz, Kleine Ausgabe, Leipzig 1932 (4. Auflage, Nachdruck der 2. durchgesehenen Auflage 1914), 157; Übersetzung: Eusebius von Caesarea, Kirchengeschichte hg. u. eingel. v. H. Kraft, die Übersetzung v. Ph. Haeuser (Kempten 1932) wurde neu durchgesehen v. H. A. Gärtner, 3., unveränderte Auflage Darmstadt 1989, 158; vgl. auch die Überlegungen von W. Telfer, Was Hegesippus a Jew?, HThR 53 (1960), 143–153, hier: 143; Jones, Hegesippus, 205 sowie Förster, Jesus, 296.

[24] Dazu s. auch Förster, Jesus, 298.

[25] *Historia ecclesiastica* 4,22,6 (Text: Schwartz, Kleine Ausgabe, 221): ψευδόχριστοι, ψευδοπροφῆται, ψευδαπόστολοι, οἵτινες ἐμέρισαν τὴν ἕνωσιν τῆς ἐκκλησίας φθοριμαίοις λόγοις κατὰ τοῦ θεοῦ καὶ κατὰ τοῦ Χριστοῦ αὐτοῦ; dazu Telfer, Hegesippus, 150.

[26] *Historia ecclesiastica* 4,22,7 (Text: Schwartz, Kleine Ausgabe, 157, Übersetzung: Haeuser/Gärtner, 221): γνῶμαι διάφοροι (…) κατὰ τῆς φυλῆς Ἰούδα καὶ τοῦ Χριστοῦ αὗται· Ἐσσαῖοι Γαλιλαῖοι Ἡμεροβαπτισταὶ Μασβωθεοι Σαμαρεῖται Σαδδουκαῖοι Φαρισαῖοι.

also die jüdischen Parteiungen κατὰ … τοῦ Χριστοῦ, wie es Eusebius ausdrückt, d.h. nach ihren Messiasvorstellungen, und es scheint nahe zu liegen, dass eben sein Referat ihrer „Anschauungen" (γνῶμαι) eine derjenigen Vorlagen gewesen ist, die Pseudo-Hieronymus (in stark verkürzter Form und neben weiterem Quellenmaterial) auswertete. Darum verwendete er auf die verschiedenen jüdischen Christus-Gestalten so viel Aufmerksamkeit. Dass Hegesipps Darstellung des Judentums außer bei Pseudo-Hieronymus in der patristischen Literatur wenig Nachhall gefunden hat, liegt wohl daran, dass er, vielleicht ohne dies zu wollen, die Bedeutung Jesu indirekt relativierte und ihn zu einem Christus unter vielen im Judentum seiner Zeit machte. Auch Hippolyt dürfte m.E. ebenso wie Pseudo-Hieronymus seine – von Martin Hengel schon ausführlich analysierten Ausführungen über die zelotischen Eiferer[27] – zumindest teilweise aus Hegesipp geschöpft haben, wie unbestreitbare Parallelen zu *De haeresibus Judaeorum* nahelegen. Für die Beurteilung der Motive der Aufständischen ist zudem noch ein weiterer Gesichtspunkt festzuhalten: In den Berichten von Hippolyt und Pseudo-Hieronymus bzw. ihrer gemeinsamen Quelle, die m.E. in erster Linie Hegesipp darstellt, treten die religiösen Beweggründe für den Widerstand gegen die römische Herrschaft viel deutlicher zutage als etwa bei Josephus, der zwar für den Fortgang der Ereignisse durch seine beiden Geschichtswerke, das *Bellum* und die *Antiquitates*, unsere historische Primärquelle bleibt, aber in beiden Darstellungen stets von

[27] Hengel, Zeloten, 195–201.

seinem prorömischen Standpunkt geprägt ist und zudem aus apologetischer Rücksichtnahme die religiösen Wurzeln der Rebellion, die mit dem Auftreten des Judas im Jahr 6 n. Chr. mit Unterbrechungen ihren Anfang nahm, eher verschleiert.[28] Er wollte so höchstwahrscheinlich nach der Niederlage im Ersten Jüdischen Krieg seine Landsleute in Schutz nehmen. Josephus diffamierte z. B. entsprechend der römischen Terminologie Judas und seine Anhänger als „Räuber". Martin Hengel hat dies in seinem Zeloten-Buch eingehend analysiert.[29] Von den religiösen Hintergründen bleibt bei Josephus nur der eine Punkt klar erkennbar, dass Judas allein Gott als Herrscher anerkennen wollte.[30] Dieses in vieler Hinsicht unvollständige Bild des Josephus ergänzen die genannten patristischen Quellen, d. h. neben Hippolyt auch Pseudo-Hieronymus, wobei auch der Konnex zur Steuerzahlung und dem Census des Jahres 6 n. Chr. klarer hervortritt als bei Josephus. Ihre Darstellungen lassen sich zudem mit Hilfe rabbinischer Überlieferungen und archäologischer Funde auf ihre Stichhaltigkeit hin überprüfen und m. E. in wesentlichen Zügen bestätigen.

Wenden wir uns also Pseudo-Hieronymus – mit einem Blick auf die Parallelen bei Hippolyt – zu. Die für unseren Zusammenhang relevante Notiz des Pseudo-Hieronymus[31] lautet:

---

[28] Vgl. Förster, Jesus, 73–74.

[29] Hengel, Zeloten, 35–47.

[30] Vgl. Förster, Jesus, 75.

[31] Vgl. zur Rekonstruktion des Textes des Pseudo-Hieronymus und allen damit zusammenhängenden philologischen Fragen meine Edition: Förster, Jesus, 292. Der zitierte Textabschnitt findet sich ebd. Z. 10–13.

Galilei dicunt Chr(ist)um venisse et docuisse eos. ne dicerent d(o-mi)n(um) cesarem neue eius monitis uterentur.

Die Galiläer sagen, Christus sei gekommen und habe sie gelehrt, dass sie nicht den Kaiser Herrn nennen und sein Geld nicht benutzen.

Um diese Notiz des Pseudo-Hieronymus besser interpretieren zu können, sei die entsprechende Passage aus Hippolyts *Refutatio omnium haeresium* zitiert,[32] die aus einem die Gruppe der Essener behandelnden Abschnitt seines Werkes entnommen ist. Die für einen Vergleich mit Pseudo-Hieronymus besonders relevanten Teile sind hier kursiv markiert:

Διῄρηται δὲ (κ)ατὰ (χρ)όνον καὶ οὐχ ὁμοίως τὴν ἄσκησιν φυλάττουσιν, εἰς τέσσα(αρ)α μέρη διαχωρισθέντες. –

ἕτεροι γὰρ αὐτῶν τὰ ὑπὲρ τὸ δέον (ἀ)σκοῦσιν, ὡς μηδὲ νόμισμα βαστάζειν, λέγοντ(ες) μὴ δεῖν εἰ(κό)να ἢ φέρειν ἢ ὁρᾶν ἢ ποιεῖν· διὸ οὐδὲ εἰς πόλιν τι(ς) αὐτῶν εἰσπορεύεται, ἵνα μὴ διὰ πύλης εἰσέλθῃ, ἐφ ᾽ ᾗ ἀνδριάντες ἔπεισιν, ἀθέμιτον τοῦτο ἡγούμενος τὸ ὑπὸ εἰκόνας παρελθεῖν.

ἕτεροι δέ, ἐπὰν ἀκούσωσί τινος περὶ θεοῦ διαλεγομένου καὶ τῶν τούτου νόμων, εἰ ἀπερίτμητος εἴη, παραφυλάξας <τις αὐτῶν> τὸν τοιοῦτον ἐν τόπῳ τινὶ μόνον, φονεύειν ἀπειλεῖ εἰ μὴ περιτμηθείη· οὗ, εἰ μὴ βούλοιτο πείθεσθαι, οὐ φείδεται ἀλλὰ καὶ σφάζει· ὅθεν ἐκ τοῦ συμβαίνοντος <καὶ> τὸ ὄνομα προσέλαβον, Ζηλωταὶ καλούμενοι, ὑπό τινων δὲ Σικάριοι.

ἕτεροι δὲ αὐτῶν οὐδένα κύριον ὀνομάζουσι πλὴν τὸν θεόν, εἰ καὶ αἰκίζοιτό τις <αὐτῶν> ἢ καὶ ἀναιροῖτο. –

τοσοῦ(το)ν δὲ οἱ μετέπειτα ἐλάττους τῇ ἀσκήσει γεγένη<ν>ται, ὥστε τοὺς τοῖς ἀρχαίοις ἔθεσιν ἐμμένοντας μηδὲ προσψαύειν αὐτῶν·

Im Laufe der Zeit haben sie sich in vier Parteien gespalten, von denen jede ihre eigene Lebensführung hat.

---

[32] *Refutatio omnium haeresium* IX 26, 1–3 (Text: Hippolytus, Refutatio omnium haeresium, hg. v. M. Marcovich, PTS 25, Berlin/New York 1986, 371,1–15; Übersetzung: Des Heiligen Hippolytus von Rom Widerlegung aller Häresien [Philosophumena], übersetzt v. Graf K. Preysing, BKV 40, München 1922, 260f.).

Die einen überschreiten die Vorschriften in dem Maß, dass sie nicht einmal eine Münze anrühren mit der Begründung, man dürfe ein Bild weder tragen noch ansehen noch verfertigen. Sie gehen auch in keine Stadt, auf dass keiner durch ein Tor schreite, auf dem Bildsäulen ständen; denn sie halten es für unrecht, unter Bildwerken durchzugehen.

Wenn einer von der zweiten Richtung hört, dass jemand über Gott und seine Gesetze spricht und dabei unbeschnitten ist, lauert er ihm, wenn dieser allein ist, irgendwo auf und droht ihm mit dem Tod, wenn er sich nicht beschneiden lässt; wenn dieser nicht gehorchen will, so kennt er keine Schonung, sondern bringt ihn um.

So haben sie dieser Sache halber den Namen Zeloten angenommen, manche nennen sie Sikarier.

Die Angehörigen einer anderen Richtung nennen niemanden Herr außer Gott, selbst wenn sie einer marterte oder sogar tötete. –

So sehr sind die späteren von der Lebensstrenge abgewichen, dass diejenigen, die bei den ursprünglichen Sitten geblieben sind, sie nicht einmal berühren.

Dass sich dieser Bericht des Hippolyt in seinem Überblick über das Judentum mit den Mitteilungen des Pseudo-Hieronymus in etlichen Punkten berührt, ist m. E. kaum zu bestreiten. Sein Verständnis wird allerdings durch die teils ungeordnete Materialsammlung des Hippolyt und seine konfuse Montage von Quellenexzerpten unterschiedlicher Provenienz erschwert. In der langen Passage über die Juden, die Hippolyt in sein primär gegen die christlichen Häretiker gerichtetes Werk aufgenommen hat, hatte der Kirchenvater bekanntlich Notizen aus verschiedenen Vorlagen vermengt. Dabei bildet Josephus seine Hauptquelle, und er entnimmt seinen Werken die meisten Informationen über Essener, Pharisäer und Sadduzäer.[33] In dem die

[33] S. dazu FÖRSTER, Jesus, 77–81.

Essener betreffenden Abschnitt ergänzt Hippolyt seine Exzerpte aus Josephus allerdings durch andere Quellenauszüge über jüdische Aufständische gegen die Römer, die er unter die Gruppe der Essener falsch eingeordnet hat.[34] Dieses Versehen lässt sich relativ eindeutig nachweisen, denn Hippolyt weist sogar an einer Stelle expressis verbis auf die Zeloten oder Sikarier als Vertreter der von ihm referierten Überzeugungen hin. Insbesondere zwei dieser Mitteilungen Hippolyts zeigen deutliche Parallelen zu Pseudo-Hieronymus und sollen daher nun im Zentrum der Analyse stehen. Dabei handelt es sich zum einen um folgende Nachricht Hippolyts: „Die einen überschreiten die Vorschriften in dem Maß, dass sie nicht einmal eine Münze anrühren mit der Begründung, man dürfe ein Bild weder tragen noch ansehen noch verfertigen."[35] Als weitere Übereinstimmung lässt sich feststellen: „Die Angehörigen einer anderen Richtung nennen niemanden Herr außer Gott, selbst wenn sie einer martere oder sogar töte."[36]

Die inhaltlichen Parallelen dieser beiden Informationen über die jüdischen Aufständischen, die bei Pseudo-Hieronymus in gegenüber Hippolyts Sammlung vertauschter Reihenfolge auftreten, sind wohl kaum zu bestreiten. Ebenfalls lässt sich ausschließen, dass Pseudo-Hieronymus sie aus dem früher entstandenen Werk des Hippolyt

---

[34] Zu dieser Kombination unterschiedlicher Quellen s. meine Analyse in Förster, Jesus, 77–81.

[35] *Refutatio omnium haeresium* IX 26, 1 (Text: Marcovich, 371,2–4; Übersetzung: Preysing, 260).

[36] *Refutatio omnium haeresium* IX 26, 2 (Text: Marcovich, 371,12–13; Übersetzung: Preysing, 261).

geschöpft hat, denn dazu sind die Unterschiede ihrer jeweiligen Darstellungen des Judentums – aufs Ganze gesehen – einfach zu gravierend. Hippolyt bringt auch viel mehr Material etwa zu den Essenern, das er aus Josephus übernommen hat und das bei Pseudo-Hieronymus kein Gegenstück hat.

Wenden wir uns also zuerst den inhaltlichen Konvergenzen ihrer Berichte über die jüdische Opposition gegen die römische Herrschaft zu: Sowohl Pseudo-Hieronymus als auch Hippolyt berichten über die Zurückweisung des κύριος- bzw. *dominus*-Titels für den Kaiser und die Ablehnung römischer Münzen. Dabei ergänzen sich ihre jeweiligen Exzerpte in inhaltlicher Hinsicht: Allein Pseudo-Hieronymus bezieht die entsprechende Titulatur ausdrücklich auf den römischen Kaiser und macht damit die politische Stoßrichtung der Verweigerung explizit, während Hippolyt ausdrücklich festhält, dass die Anrede κύριος bzw. dominus nur Gott vorbehalten bleibt, was bei Pseudo-Hieronymus implizit vorausgesetzt ist. Hippolyt hebt zusätzlich noch hervor, dass die Vertreter dieser Richtung bereit seien, für ihre Überzeugung in den Tod zu gehen. Derselbe Befund lässt sich auch im Hinblick auf die Verweigerung des Münzgebrauchs nachweisen: Hippolyt differenziert hierbei zwischen der Ablehnung des Tragens, Ansehens und Verfertigens und erwähnt das biblische Bilderverbot als Begründung. Pseudo-Hieronymus fasst sich mit dem Verdikt des *non uti* kürzer, hebt aber den politischen Konflikt klarer hervor, nämlich dass es sich in der Konsequenz um einen regelrechten Boykott der kaiserlichen Währung gehandelt habe, was bei Hippolyt nur indirekt zu erschließen ist. Dabei schreibt der Verfasser von *De haeresibus Judaeorum* von „monitis" statt „monetis" für die zurückgewiesenen kaiserlichen „Geldstücke", was in der Überlieferung (bis auf Abschreiberkorrekturen) durchgehalten wird. Damit übernimmt er wohl einen Itazismus des Griechischen in das Lateinische. Vergleichsbeispiele für dieselbe Vokalvertauschung (bei demselben Wort) finden sich in weiteren lateinischen Urkunden aus einem bilingualen Milieu, z. B. in den Papyri aus Ravenna, die nach der byzantinischen Eroberung abgefasst wurden.[37]

Mustern wir nun den sachlichen Gehalt insbesondere der Nachrichten des Pseudo-Hieronymus durch und überprüfen ihn auf seinen Informationswert, der in einigen Punkten über das bisher Bekannte durchaus hinausführt:

Beginnen wir mit der Bezeichnung der Gruppe, die sich gegen den Kaiser und seine Herrschaft auflehnte, durch Pseudo-Hieronymus: Diese jüdische „heresis" – eine Terminologie, die mit dem griechischen Begriff αἵρεσις übrigens auch schon bei Josephus mit Blick auf Judas vorkommt[38] – wird von Pseudo-Hieronymus „Galiläer" genannt. Diese von der Region abgeleitete Bezeichnung begegnet als Beiname ebenfalls bereits bei Josephus, der Judas konsequent als Γαλιλαῖος tituliert[39]. Ebenso verfährt

---

[37] Die Verschreibung von *monitis* statt „monetis" findet sich in lateinischen Urkunden aus Ravenna aus dem 6. Jh. n. Chr.; s. P. Ital. 31 II, Z. 2 (Text: J.-O. Tjäder, Die nichtliterarischen lateinischen Papyri Italiens aus der Zeit 445–700, Bd. 2. Papyri 29–59, Skrifter utgivna av Svenska Institutet i Rom 19, Stockholm 1982, 68) und P. Ital. 35, Z. 91 (Text: Tjäder, 112).

[38] Judas ist nach Josephus Kopf einer ἰδίας αἱρέσεως, Bell 2,118.

[39] Bell 2,118 vgl. 2,433 und Ant 18,23; 20,102.

dann Lukas, der Judas auch kurz nennt, in Apg 5,37. Judas dürfte in der Tat in Judäa, das nach der Absetzung des Herodessohnes Archelaos im Jahr 6 n. Chr. unter direkter römischer Verwaltung stand, und wo der Census zur Vorbereitung der römischen Steuererhebung durchgeführt wurde, rebelliert haben und wegen seiner Herkunft aus dem Norden, wo Galiläa von Judäa aus gesehen lag, so genannt worden sein.[40] Seine eigentliche Heimatstadt war nach Josephus allerdings die Stadt Gamala, die östlich des Sees Genezareth in der Gaulanitis lag.[41] Seine Anhänger wurden demnach nach ihrem Anführer „Galiläer“ genannt; so handhabte es Hegesipp, wie die zitierte Eusebiusstelle beweist, und auch Justin.[42] Ganz anders verfährt übrigens Josephus: Bei ihm bleibt die Gruppe des Judas namenlos, und er nennt sie nur einmal neben Essenern, Sadduzäern und Pharisäern, entsprechend paganer Ausdrucksweise,

---

[40] HENGEL, Zeloten, 335, hier: Anm. 124; D. M. RHOADS, Israel in Revolution 6–74 C. E. A Political History Based on the Writings of Josephus, Philadelphia 1976, 48.51; FÖRSTER, Jesus, 82.

[41] Ant 18,4.

[42] Auch Justin erwähnt ausdrücklich sieben jüdische Gruppen, zu denen er u. a. die „Galiläer“ rechnet: *Dialogus cum Tryphone Judaeo* 80, 4 (Text: Iustini Martyris Dialogus cum Tryphone hg. v. M. MARCOVICH, PTS 47, Berlin / New York 1997, 209,25–28): μὴ ὑπολάβητε αὐτοὺς Χριστιανούς, ὥσπερ οὐδὲ Ἰουδαίους, ἄν τις ὀρθῶς ἐξετάσῃ, ὁμολογήσειεν εἶναι τοὺς Σαδδουκαίους ἢ τὰς ὁμοίας αἱρέσεις Γενιστῶν καὶ Μεριστῶν καὶ Γαλιλαίων, καὶ Ἑλληλιανῶν καὶ Φαρισαιῶν <καὶ> Βαπτιστῶν; zu dieser Stelle s. auch FÖRSTER, Jesus, 300. Eine Passage des stoischen Philosophen Epiktet, *Dissertationes* 4, 7, 6, die die „Galiläer“ erwähnt, ist m. E. in der Zuweisung unsicher. Sie findet sich eben nicht im Kontext einer expliziten Aufzählung jüdischer Gruppen wie die betreffenden Stellen bei Hegesipp, Justin und Pseudo-Hieronymus, anders: HENGEL, Zeloten, 61–62.

„die vierte Philosophie" der Juden.[43] Dass es sich bei den „Galiläern" um Juden – keinesfalls um Christen – handelte, stellt Pseudo-Hieronymus schon mittels der Überschrift *De haeresibus Judaeorum* klar, die jede Verwechslung ausschließen musste.

Den Lehrer und Urheber der betreffenden Gruppierung der „Galiläer" bezeichnet Pseudo-Hieronymus als einen „Christus", was unzweifelhaft seine messianischen Ansprüche umschreiben soll. Selbst wenn man der bereits von mir diskutierten These zustimmt, dass Hegesipp die Quelle dieser Nachricht ist und dieser Kirchenvater in seinem Referat über die „sieben Sekten" im Volk der Juden – soweit Eusebius uns dies durch seine Zitate erkennen lässt – stets auch die innerchristliche Ketzerbekämpfung im Blick hatte und christliche Gegner als Pseudo-Christusse, die lediglich jüdische Vorbilder kopieren, angreifen wollte, so sprechen doch einige Indizien dafür, dass Judas (ebenso wie später seine Nachfolger, die auch teils seine Nachkommen waren) tatsächlich messianische Ansprüche erhoben hat. Martin Hengel hat darauf schon im Hinblick auf Menaḥem, den Sohn (oder vielleicht Enkel) des Judas, hingewiesen, der laut Josephus während des Ersten Jüdischen Kriegs „mit königlicher Kleidung geschmückt und gefolgt von bewaffneten Zeloten"[44] den Tempel in Jerusalem aufsuchte und

[43] Ant 18,23: Τῇ δὲ τετάρτῃ τῶν φιλοσοφιῶν ὁ Γαλιλαῖος Ἰούδας ἡγεμὼν κατέστη …

[44] Bell 2,444; vgl. auch das Verhalten des Simon bar Giora, der sich nach der Erstürmung des Tempelbergs durch die Römer in einen Purpurmantel gekleidet wie ein Herrscher auf dem Tempelplatz gefangen nehmen ließ; Bell 7,26–31; dazu HENGEL, Zeloten, 296.

dort von innerjüdischen Kontrahenten hinterrücks ermordet wurde.[45] Im Blick auf Judas vermutet Martin Hengel: „Daß Judas der Galiläer mit messianischen Ansprüchen hervortrat, ist nicht unwahrscheinlich",[46] selbst wenn ihn Josephus nur ganz neutral als ἡγεμών einer neuen Richtung im Judentum bezeichnet. Die zitierte Annahme Hengels erfährt durch Pseudo-Hieronymus eine gewisse Bestätigung.[47] Zwar gibt Pseudo-Hieronymus keinen Namen für denjenigen Christus an, der die Galiläer gelehrt habe. Er scheint aber damit den ersten Urheber der Bewegung – nicht etwa einen späteren Anführer – zu meinen, wie auch andere Indizien nahelegen, auf die ich noch zurückkommen werde. Außerdem hebt er die Lehrautorität des Christus hervor, denn die Ablehnung des *dominus*-Titels für den Kaiser und den Boykott seines Geldes habe er seine Anhängerschaft „gelehrt" (*docuisse*). Dies kommt einigen Andeutungen des Josephus nahe, der Judas nicht nur als tatkräftigen Anführer von Aufständischen, sondern auch als Toralehrer – von ihm einmal sicherlich herabsetzend

---

[45] Hengel, Zeloten, 292–296.

[46] Hengel, Zeloten, 292.

[47] Auch Origenes, *Homiliae in Lucam* 25,4 (Text: Origenes, In Lucam Homiliae, Homilien zum Lukasevangelium, übersetzt und eingeleitet v. H.-J. Sieben, FC 4/1, Freiburg u. a. 1991, 270) scheint davon erfahren zu haben, worauf Hengel, Zeloten, 292 hinweist. Origenes verknüpft dies allerdings mit der Notiz, Dositheus, „Samaritanorum haeresiarcha", sei ebenfalls als „Christus" angesehen worden. Dieser Dositheus wird aber weder von Pseudo-Hieronymus noch von Hippolyt erwähnt. Die Herkunft der Informationen des Origenes bleibt also unklar, und seine beiläufige Notiz kann uns bei unserer Erörterung der Nachrichten des Pseudo-Hieronymus nicht weiterhelfen.

σοφιστής[48] genannt – zu kennen scheint, der dabei im Bündnis mit einem Pharisäer Saddok agierte[49] und dessen Auslegung als sein Erbe sogar seinen Tod (wie nur von Lukas ausdrücklich erwähnt, wohl durch die Hand seiner römischen Gegner) um Jahre überdauerte.

Kommen wir zu den beiden von Pseudo-Hieronymus aufgezählten Kernpunkten seiner Lehre:

Hierbei ist zuerst die Ablehnung des dominus- bzw. (laut Hippolyts griechischer Überlieferung) κύριος-Titels für den Kaiser zu nennen. Diese Vorbehalte gegen eine bestimmte Herrschertitulatur, die aus einer Auslegung des ersten Dekaloggebots herrühren, scheint auch Josephus zu kennen. Nach Josephus wollte Judas den δεσπότης-Titel allein für Gott reservieren.[50] An dieser Stelle ist bei dem jüdischen Historiker wohl geschickte Apologetik mit im Spiel, denn Augustus wie auch sein Nachfolger Tiberius haben es nicht zugelassen, dass römische Bürger sie δεσπότης – was die übliche Anrede von Sklaven gegenüber ihren Herren war – nannten.[51] Auf diese Weise nahmen beide Kaiser auf das Freiheitsverständnis der noch immer republikanisch geprägten Oberschicht Rücksicht. Josephus scheint diese Vorbehalte gekannt und geschickt

[48] Bell 2,118.

[49] Ant 18,9.

[50] Ant 18,24; vgl. Bell 2,118.

[51] Tiberius formulierte nach Cassius Dio 57,8,2 (Text: Dio's Roman History with an English Translation by E. Cary on the Basis of the Version of H.B. Foster, 9 Bde., LCL, Cambridge, MA/London 1914–1927 [verschiedene Nachdrucke], 130): δεσπότης μὲν τῶν δούλων, αὐτοκράτωρ δὲ τῶν στρατιωτῶν, τῶν δὲ δὴ λοιπῶν πρόκριτός εἰμι.

durch seine Formulierung auf sie angespielt zu haben.[52] Hippolyt und Pseudo-Hieronymus sind darum wohl als zuverlässiger einzuschätzen: Es ging bei der Auseinandersetzung nämlich weniger um den auch bei Römern verpönten δεσπότης-Titel als um die Bezeichnung des Kaisers als κύριος bzw. *dominus*. Letztere spielte gerade bei einem römischen Census eine nicht unerhebliche Rolle. Dabei mussten die Steuerpflichtigen nämlich ihren gesamten persönlichen Besitz deklarieren und insbesondere im Falle von Grundbesitz den wirtschaftlichen Ertrag mitteilen,[53] auf dessen Grundlage die Steuern berechnet wurden. Diese Angaben wurden von den Steuerpflichtigen anschließend beeidet, so dass falsche oder unvollständige Auskünfte nach der Überprüfung durch Inspektoren als Meineid z. B. durch Auspeitschen bestraft werden konnten. Wie eine solche Eidformel lautete, die von einem Juden – allerdings lange nach der Zeit des Judas im Jahr 127 n. Chr. – in der neu eingerichteten Provinz Arabien geschworen wurde, erfahren wir durch eine in den Höhlen des Naḥal Ḥever gefundene Censusdeklaration: „… Sohn des Levi schwöre bei der Tyche des Herrn Caesar, dass ich in gutem Glauben, wie oben geschrieben, registriert habe, wobei ich nichts verheimlicht habe."[54] Es gibt einige Anhaltspunkte,

---

[52] Vgl. Förster, Jesus, 138–142.

[53] Förster, Jesus, 37–38.

[54] P. Naḥal Ḥever 61, Frgm a + b, Z. 1–3 (Text: Aramaic, Hebrew and Greek Documentary Texts from Naḥal Ḥever and other Sites with an Appendix Containing Alleged Qumran Texts [The Seiyâl Collection II] by H. M. Cotton / A. Yardeni, DJD 27, Oxford 1997, 177): … λος Λειουου ὄμνυμι τύχην Κυρίου Καίσαρος κ[α]λῇ πίστει ἀπογεγράφθαι ὡς προγέγραπται μηθὲν ὑποστειλάμενος.

dass das Schwören bei der göttlichen Τύχη des Kaisers den Juden unter Augustus noch erlassen worden sein mag, aber sicherlich konnten sie sich nicht ungestraft weigern, den Kaiser ihren κύριος bzw. dominus zu nennen.

Diese Titel waren überdies bei der Datierung der Censusurkunden nach Regierungsjahren verbreitet und wurden etwa seit der Regierungszeit Neros die Regel (vgl. z. B. in Apg 25,26, wo es Lukas voraussetzt). Auf diese Titulatur spielt wohl die von Martin Hengel bereits diskutierte Stelle aus der Mischna an,[55] die ein Streitgespräch eines „galiläischen Häretikers" (מין גילילי), womit vielleicht ein Anhänger des Judas gemeint sein könnte, mit Pharisäern referiert. Darin berufen sich die Pharisäer auf Ex 5,2, wonach die Tora es erlaube, den Herrscher- und Gottesnamen auf ein und dieselbe Spalte zu schreiben, und den Herrschernamen zuerst. Die Pharisäer vertreten hier einen auf Ausgleich mit der römischen Seite bedachten Standpunkt. Eine weitere Erinnerung könnte sich in Genesis Rabba erhalten haben,[56] wonach Jakob, der hier für das Volk Israel steht, Esau, in der rabbinischen Literatur oft Deckname für die Römer, im biblischen Text achtmal „mein Herr" (אדוני) genannt habe und für dieses Fehlverhalten von Gott bestraft wurde, indem aus Esau nach

---

[55] mYad 4,8; vgl. HENGEL, Zeloten, 60.

[56] GenR 75,11 zu Gen 32,4 (Text: Midrash Bereshit Rabba. Critical Edition with Notes and Commentary by J. THEODOR and Ch. ALBECK, Introduction and Registers by Ch. A. Second Printing with additional Corrections by Ch. A., 3 Bde., Jerusalem 1965 = Nachdruck v. Bereschit Rabba mit kritischem Apparat und Kommentar, Veröffentlichungen der Akademie für die Wissenschaft des Judentums, Berlin 1912–1936, Bd. 2, 891): ...וקראת לעשו אדני ח'.

Gen 36,31–39 acht Könige hervorgingen, während Israel keinen eigenen Herrscher hatte. Auch an dieser Stelle wird wohl die κύριος-Titulatur gemeint sein, die von Israel bei Strafe ausschließlich für Gott verwendet werden sollte. Ein Resultat des Verstoßes gegen dieses Gebot war es, dass Gott die Herrschaft an acht römische Kaiser, für die Esau steht, übergehen ließ.

Kommen wir nun zuletzt zur Ablehnung des Münzgebrauchs: Dieser beruhte nach Hippolyt auf einer besonders restriktiven Auslegung des alttestamentlichen Bilderverbots. Sie fügt sich gut in eine auch in anderen Zusammenhängen im Judentum dieser Epoche nachweisbare Tendenz einer verschärften Ablehnung aller Bilder von Tieren und Menschen ein. Zahlreiche Beispiele hat Martin Hengel hierfür bereits zusammengestellt.[57] Ergänzend sei nur hervorgehoben, dass die von jüdischen Herrschern wie den Hasmonäern oder Herodes dem Großen geprägten Kupfermünzen nie das Portrait des regierenden Königs trugen und sich dadurch markant von dem Geld der paganen Herrscher unterschieden. Selbst die römischen Statthalter folgten diesem Beispiel, denn ihr Kupfergeld zeigte nur den Namen des jeweiligen regierenden Kaisers, aber nie dessen Bild, wie es bei römischen Münzen eigentlich vorgeschrieben war. Das Geld der heidnischen Reiche wurde aber von Juden vor Judas nie rundweg abgelehnt. Silberdrachmen aus der Stadt Tyros mit dem Bild des Stadtgottes Melqart, den die Griechen mit Herakles identifizierten,

---

[57] HENGEL, Zeloten, hier: 192–198. Für weiteres Material vgl. mein Buch: FÖRSTER, Jesus, hier: 83–131.

waren z.B. zur Bezahlung der Tempelsteuer vorgeschrieben und wurden in großen Mengen in Tresorräumen im inneren Tempelareal gelagert, ohne dass jemand daran Anstoß nahm.[58] Judas und die Seinen scheinen auch in diesem Punkt die biblischen Gebote – wie Hippolyt sich ausdrückte – „über die Maßen" (ὑπὲρ τὸ δέον) streng ausgelegt zu haben. Daher boykottierten sie nach Pseudo-Hieronymus kaiserliches Geld. Aus römischer Sicht war diese Verweigerung – diesen Gesichtspunkt erwähnt Martin Hengel nicht – ein Kapitalverbrechen.[59] Entsprechend der von Sulla erlassenen *lex Cornelia testamentaria nummeraria* wurde nämlich, laut der Zusammenfassung dieser Vorschrift durch den kaiserzeitlichen Juristen Paulus, mit dem Tod bestraft, wer „mit dem Gesicht der Kaiser gekennzeichnetes Geld, außer Falschgeld, zurückweist".[60] Mit dem *„vultus principum"* versehenes Geld musste also bei Todesstrafe verwendet werden – genau gegen dieses *„signatum"* richtete sich jedoch die Gebotsauslegung des Judas. Die Sache wurde dann noch durch den Census und die Steuerzahlungen in besonderem Maße zugespitzt. Im alltäglichen Geschäftsverkehr zahlte man nämlich bis zur Mitte des 1. Jh.s n.Chr. im Osten des Reiches nur selten mit römischen Geldstücken – außer in der Nähe der

---

[58] Zu den tyrischen Münzen mit dem Bild des Stadtgottes Melqart, das durch die Tempelsteuer massenhaft in den heiligen Innenbereich des Tempels gelangte, s. FÖRSTER, Jesus, 91.159–165, hier insb.: 164.

[59] FÖRSTER, Jesus, 7.60–61.132.

[60] So die spätantike Zusammenfassung des Juristen Paulus, *Sententiae* 5, 25,1 (Text: Textes de Droit Romain par P.F. GIRARD et F. SENN, 7e édition par un groupe de romanistes, Tome 1, Paris 1967, 362): vultuque principum signatam monetam, praeter adulterinam, reprobaverit.

großen Militärlager, wo der Sold in Reichsgeld ausgezahlt wurde. Man behalf sich vielmehr mit dem Kupfer- und (in geringerem Umfang) mit dem Silbergeld der griechischen Städte oder lokaler Herrscher wie z. B. des Herodes und seiner Söhne.[61] Das Geld der kaiserlichen Münzstätten war einfach in zu geringer Menge im Umlauf, wie archäologische Funde beweisen, um im Alltag eine Rolle zu spielen. In den Ruinen der von Vespasian 67 n. Chr. zerstörten Stadt Gamala wurden z. B. unter 6200 Fundmünzen nur 21 römische Geldstücke entdeckt (also weniger als 1 %), darunter kein einziger Denar oder Aureus.[62] Eine Ausnahme bildeten in dieser Hinsicht nur die römischen Steuern. Die Boden- und die Kopfsteuer wurden nämlich in Bargeld, genauer in Gold- und Silbermünzen, eingezogen, und dabei war die römische Währung vorgeschrieben, schon weil die kaiserliche Kasse für Soldzahlungen u.ä. genau dieser Münzen bedurfte. Bei Steuerabgaben musste die Bevölkerung also ihr vertrautes lokales Geld mit einem Aufgeld von bis zu 17–21 % in römische Denare mit dem Kaiserbild umtauschen. Solche Geldstücke waren die Census-Münzen (τὸ νόμισμα τοῦ κήνσου, Mt 22,19), wie es Matthäus in der Zinsgroschenperikope treffend formuliert – nur in diesem Zusammenhang wurden sie anfangs allgemein benutzt, hierbei allerdings mit Gesetzeszwang

[61] Vgl. dazu auch FÖRSTER, Jesus, 57–58.

[62] D. SYON, The Coins from Gamala. Interim Report, INJ 12 (1992–93), 34–55, hier: 45, und dies galt selbst für die Kriegsjahre in der zweiten Hälfte des 1. Jh.s n. Chr. Zu diesen archäologisch nachweisbaren Besonderheiten des Umlaufs römischer Münzen s. FÖRSTER, Jesus, 58.

belegt.[63] Dass römische Steuern mit dem lateinischen Lehnwort als κῆνσος bezeichnet werden, liegt nahe, denn mit dem Census im Jahr 6. n. Chr. wurden sie in Palästina eingeführt. Wenn sich Judas also gegen den Census auflehnte, war es nur folgerichtig, diese Rebellion genau gegen die Münzen zu richten, mit denen die Steuern nach dem Census bezahlt wurden.

Nun noch eine abschließende kurze Bemerkung zur Zinsgroschenperikope der synoptischen Evangelien.[64] Nach ihrer übereinstimmenden Überlieferung ließ sich Jesus, als er gefragt wurde, ob man dem Kaiser Steuern zahlen solle oder nicht, erst einmal einen Denar vorlegen, bevor er seine Weisung in der Sache erteilte. Jesus wollte damit wohl keineswegs seine Gesprächspartner darauf festlegen, dass sie römisches Geld als Zahlungsmittel in ihren Taschen hätten, denn dazu waren diese Münzen in seiner Zeit einfach zu selten. Es ging ihm vielmehr darum, sie zu zwingen, in einer für sie durchaus gefährlichen Alternative – vor dem Hintergrund römischen Währungszwangs bei Todesstrafe – ihre Bereitschaft gemeinsam mit ihm öffentlich zu signalisieren, dass sie dieses Geld anfassen, tragen und ansehen würden. Damit hatten sie sich schon von der Verweigerung von Kreisen wie den Anhängern des Judas distanziert, zugleich aber ihr Steuerproblem, mit dem sie an ihn herangetreten waren, als vorgeschobene Fangfrage offenkundig gemacht.[65] Wenn man des Kaisers

---

[63] S. hierzu: Förster, Jesus, 57.

[64] Vgl. für eine ausführliche Analyse Förster, Jesus, 1–19 und 144–225.

[65] Förster, Jesus, 153–157.

Geld loyal benutzte, warum ihm dann nicht auch Steuern entrichten? Letztlich erteilte Jesus aber die Antwort, dass die kaiserlichen Denare, durch Bild und Aufschrift gekennzeichnet, des Kaisers sind und ihm durch Steuern für seine Zwecke zurückgegeben werden sollen. Zugleich aber sind sie bereits durch ihr Metall unveräußerlich Gottes Eigentum, wie die gesamte Schöpfung, und werden Gott in eschatologischer Perspektive wie alles Gold und Silber auch wieder zufallen.[66]

---

[66] S. meine ausführliche Auslegung in Förster, Jesus, 144–225.

Daniel R. Schwartz

Zeloten, Martin Hengels *Die Zeloten* und Dichotomie im antiken Judentum[1]

Sehr herzlich danke ich für die Ehre, an diesem Abend im Gedenken an Martin Hengel zu Ihnen sprechen zu dürfen. Professor Hengel war einer der bedeutendsten Forscher des antiken Judentums unserer Zeit und er war auch „a Mensch" und ein Freund. Für mich persönlich waren seine weise und großzügige Hilfe und seine Unterstützung von entscheidender Bedeutung, den Weg in meinen Beruf zu finden, und ich weiß, dass das für viele andere ebenso gilt. Mögen meine Überlegungen zu Martin Hengels *Die Zeloten* als Ausdruck der Dankbarkeit betrachtet werden für all die Art und Weise, in der er unser Wissen und unser Leben bereichert hat.

Martin Hengels Monographie *Die Zeloten*[2] wurde 1961 als erster Band einer neuen Reihe bei Brill in Leiden veröffentlicht. Sie wurde herausgegeben von Hengels Lehrer

---

[1] Ich danke Hermann Lichtenberger für die Vorbereitung der deutschen Fassung dieses Vortrags.

[2] M. Hengel, Die Zeloten. Untersuchungen zur jüdischen Freiheitsbewegung in der Zeit von Herodes I. bis 70 n. Chr., AGSU 1, Leiden/Köln 1961; 2. verbesserte und erweiterte Auflage, AGJU 1, Leiden/Köln 1976; 3., durchgesehene und ergänzte Auflage hg. v. R. Deines und C.-J. Thornton, WUNT 283, Tübingen 2011.

in Tübingen, Otto Michel, und ihr Titel lautete: *Arbeiten zur Geschichte des Spätjudentums und Urchristentums.* Dieser Titel blieb noch für vier weitere Bände in dieser Reihe bestehen, z.B. für den Band von 1963 *Abraham unser Vater*, der zu Michels 60. Geburtstag von Hengel mitherausgegeben wurde.[3] 1968 jedoch entschied Michel, der Name der Reihe solle sich nicht mehr auf das „Spätjudentum", sondern besser auf das „*spätere* Judentum" beziehen, und so war es dann auch bei den Bänden 6 und 7, die beide 1968 erschienen: *Arbeiten zur Geschichte des späteren Judentums und des Urchristentums.* In diesen Bänden wird für die Änderung keine Erklärung gegeben, aber wie man vermutet – und wie Lichtenberger in der Korrespondenz zwischen Michel und Brill im Tübinger Universitätsarchiv entdeckte –, geschah dies offensichtlich, um die mit „Spätjudentum" verbundene Sicht zu vermeiden, dass das vorchristliche Judentum die letzte legitime Periode des Judentums sei. Durch den Wechsel vom absoluten „Spätjudentum" zum komparativen „späteren Judentum" entstand ja Raum für einen Prozess mit mehr Kontinuität.

Jedoch scheint es, dass auch diese Änderung nicht völlig befriedigend war, und so wurde innerhalb von weiteren zwei Jahren der Name der Reihe erneut geändert, und zwar beginnend mit Band 8, der 1970 erschien. Nun bezog sich der Titel auf das „antike Judentum", also: *Arbeiten zur Geschichte des antiken Judentums und des*

---

[3] O. Betz/M. Hengel/P. Schäfer (Hg.), Abraham unser Vater. Juden und Christen im Gespräch über die Bibel. Festschrift für Otto Michel zum 60. Geburtstag, AGSU 5, Leiden 1963.

Urchristentums; und so ist er seither für Dutzende von Bänden geblieben.[4]

Wiederum wurde keine Erklärung für die Änderung gegeben. Aber ich vermute, dass der Grund in einer anderen Neuerung des Jahres 1970 gefunden werden muss, nämlich in der Tatsache, dass hier zum ersten Mal der Name Martin Hengels als Mitherausgeber der Reihe erscheint. Tatsächlich hat kürzlich Lichtenberger in einem Brief von Hengel an Michel vom 28.10.1969 (im Tübinger Universitätsarchiv) eine Diskussion über den Namen der Reihe zwischen Hengel und Michel gefunden, worin Hengel in diesem Zusammenhang bekundet, er habe persönlich aufgehört, den Begriff „Spätjudentum" zu verwenden und ziehe „antikes Judentum" vor.[5]

Wie ich schon kurz erwähnte, erscheint es offenkundig, dass der Wechsel weg von „Spätjudentum" zunächst zu „späteres Judentum" und dann weiter zu „antikes Judentum" zugleich einen Wechsel weg von der Annahme bedeutet, dass das Judentum seine historische Rolle oder

---

[4] Die einzige Änderung seither war seit 2005 die Hinzufügung einer englischen Fassung des Titels: „Ancient Judaism and Early Christianity".

[5] „Wegen der Leiden-Reihe würde ich als Titel ‚Arbeiten zur Geschichte des antiken Judentums und des Urchristentums' vorschlagen (Abkürzung AGJU statt bisher AGSU). Der Begriff des antiken Judentums scheint mir am präzisesten zu sein. Es geht ja um das Judentum in der antiken Welt von der Perserzeit bis zum Beginn der islamischen Ära (5. Jh. v. Chr. bis 7. Jh. n. Chr.). An sich habe ich auch keine Bedenken gegen den Begriff Spätjudentum, obwohl ich ihn selbst nicht mehr verwende. Er hat sich doch eingebürgert und jeder weiß, was darunter zu verstehen ist. Nachdem die Reihe sich unter dem Namen AGSU eingeführt hat, könnte man ihn evtl. auch belassen. Korrekter ist freilich antikes Judentum."

zumindest seine Bedeutung mit dem Erscheinen des Christentums beendet habe. Wer von „Spätjudentum" redet, wie es bekanntlich früher ganz üblich war, denkt, dass im ersten Jahrhundert nach Christus so etwas wie ein Wachwechsel stattgefunden hat: Das Judentum verlässt die Bühne der Geschichte und wird durch das Christentum ersetzt; Gott bestätigt diesen Prozess nicht nur in der Sendung und im Sühnetod Jesu, sondern auch vierzig Jahre später durch die Zerstörung der zentralen Institution des antiken Judentums, des Zweiten Tempels. Wer den Begriff „Spätjudentum" benutzt, weiß natürlich, dass Juden und Judentum nach diesem postulierten Wachwechsel weiterhin existierten, betrachtet dies aber als eine Art von Fehler, als etwas Illegitimes, das dem Urteil Gottes, das dieser selbst ausgesprochen hatte, widerspricht. Wer diese Terminologie verlässt – vielleicht insbesondere im deutschen Kontext nach dem Holocaust eingedenk des Beitrags dieses Begriffs zum Antisemitismus[6] – kehrt dieser Auffassung den Rücken. Schon die Einführung von „späteres Judentum" ließ ja den Weg für die Auffassung offen, dass das Judentum der Zeit Jesu nicht das letzte Stadium des Judentums war, und der Wechsel zu „antikes Judentum" brachte die Aufgabe des Begriffs „Spätjudentum" zum Abschluss. Damit wird die Geschichte des Judentums nicht als eine historische Entwicklung des Judentums, die sich auf ein Ende zubewegt, gesehen, sondern im Verhältnis zur geschichtlichen Periode insgesamt. Das heißt, *„antikes*

[6] S. H. Lichtenberger, „Im Wissen um Schuld auf dem Weg des Respekts: Der Theologe und Judaist Martin Hengel wird am heutigen Donnerstag 80 Jahre alt", *Schwäbisches Tagblatt*, 14.12.06.

Judentum" war einfach das Judentum, wie es in der Antike war. Und so war der Weg frei, das *mittelalterliche* Judentum als das Judentum des Mittelalters und das *moderne* Judentum als das Judentum von heute zu verstehen.

Die Namenswechsel dieser Buchreihe bezeugen somit einen Wandel, in dessen wichtigster Schlussphase Martin Hengel eine zentrale Rolle gespielt hat, und zwar weg von der Auffassung, das antike Judentum könne in erster Linie als etwas verstanden werden, das auf dem Weg zu seinem Ende, seinem *telos*, ist, ein Ende, das so leicht im Aufkommen des Christentums gesehen werden konnte. „Antikes Judentum" dagegen ist ein Teil der fortdauernden Kontinuität, die „Judentum" genannt wird. Ich werde später zu der Frage zurückkehren, was „Judentum" bedeutet: Bezieht es sich auf ein Volk oder auf eine Religion? Das Englische hat ja beide Begriffe „Jewry" und „Judaism", das Deutsche nur ein Wort, nämlich „Judentum", welches, wie der Duden eindeutig feststellt, eine oder beide Bedeutungen haben kann.[7]

Wie dem auch sei, die Entwicklung von „Spätjudentum" über „späteres Judentum" zu „antikes Judentum" fand in dem Jahrzehnt statt, das dem Erscheinen von Hengels *Zeloten* folgte, einer Monographie, die auf seiner Doktor-

[7] Duden Deutsches Universalwörterbuch, Bibliographisches Institut, Mannheim 1983, 650: „Judentum, das: 1. Gesamtheit der Juden in ihrer religions- u. volksmäßigen Zusammengehörigkeit: das jüdische Volk. 2. Judaismus (1) (= jüdische Religion …) 3. a) Gesamtheit der für den Juden typischen Lebensäusserungen, der durch Religion, Kultur, Geschichte geprägten jüdischen Eigenschaften, Eigenheiten; jüdisches Wesen; b) Zugehörigkeit, Gefühl der Zugehörigkeit zum jüdischen Volk; das Judesein."

arbeit von 1959 beruhte. Und sie geschah wenige Jahre nach der Vollendung seiner Habilitationsschrift *Judentum und Hellenismus*, abgeschlossen 1966 und veröffentlicht 1969,[8] kurz bevor der Name der Reihe wechselte. Mir scheint, dass diese beiden Entwicklungen, die Änderung in der Terminologie und der Wechsel in der Blickrichtung, nämlich von den jüdischen Aufständischen gegen Rom hin zur Frage nach der Bedeutung der Hellenisierung der antiken Juden, in eminenter Weise miteinander verbunden sind. Um dies zu verstehen, konzentrieren wir uns zunächst auf *Die Zeloten*, um zu erfahren, was Hengel bewegte, als er sie schrieb.

Als Martin Hengel seine Dissertation über die Zeloten Mitte der 50er Jahre begann, schwamm er gegen den Strom. Seit den sensationellen Entdeckungen am Toten Meer ab 1947 war die Forschung zum antiken Judentum, insbesondere in christlichen Kreisen, fasziniert und dominiert von Qumran und den Essenern. Herbert Brauns bibliographischer Bericht über *Qumran und das Neue Testament: Ein Bericht über 10 Jahre Forschung (1950–1959)*, erschienen in der *Theologischen Rundschau* 1962–1964,[9] umfasste über 700 Seiten. Hätte man dagegen versucht, einen ähnlichen Überblick über die Forschung zu den Zeloten während dieser Jahre zu geben, zum Beispiel aufgrund der ausführlichen Bibliographie, die Hengel seinem

[8] M. HENGEL, Judentum und Hellenismus. Studien zu ihrer Begegnung unter besonderer Berücksichtigung Palästinas bis zur Mitte des 2. Jh.s v. Chr., WUNT 10, Tübingen 1969.

[9] Wieder abgedruckt als H. BRAUN, Qumran und das Neue Testament, Bd. 1 und 2, Tübingen 1966.

Band von 1961 beigegeben hatte, hätte diese kaum mehr als eine Handvoll Seiten ergeben.

Fragt man sich, warum Hengel die Zeloten statt Qumran und die Essener wählte, bieten sich einige Erklärungen von selbst an. Ein wichtiger Impuls war – und es ist der einzige, den Hengel im Vorwort seines Buches nennt – seine Mitarbeit als Assistent in dem von Otto Michel und Otto Bauernfeind geleiteten Projekt einer neuen Edition und deutschen Übersetzung von Josephus' *Bellum Judaicum.*[10] Sicher war auch dieses Projekt in gewisser Weise aus dem vermehrten wissenschaftlichen Interesse an Josephus` Werk wegen seiner detaillierten Berichte über die Essener entstanden. Tatsächlich aber bietet das *Bellum* sehr viel mehr über die Zeloten und andere jüdische Aufständische als über die Essener, und jeder, der am *Bellum* gearbeitet hatte und nach einem Thema für eine Doktorarbeit suchte, dem legten sich die Zeloten als Forschungsgegenstand nahe.

Ein weiterer und tieferer Impetus jedoch scheint mir aus der Gewissenserforschung im Nachkriegsdeutschland in Bezug auf die Verstrickung von Kirchen und einzelner Christen mit der Naziregierung und ihren Verbrechen zu resultieren. Ich habe an anderem Ort darüber geschrieben und will hier nicht länger verweilen.[11] Es genügt zu sagen,

---

[10] Flavius Josephus, De Bello Judaico – Der jüdische Krieg (4 Bde., hg. v. O. Michel u. O. Bauernfeind; München und Darmstadt 1960–1969).

[11] D. R. Schwartz, „On Christian Study of the Zealots", in: ders., Studies in the Jewish Background of Christianity, WUNT 60, Tübingen 1992, 128–146.

dass Christen guten Willens in Deutschland im Rückblick über diese Verstrickung tief betroffen waren, aber der Gedanke, dass Christen gegen das Naziregime Widerstand hätten leisten müssen, stand im Widerspruch zur Ermahnung des Paulus am Anfang von Röm 13, dass alle Herrschaft von Gott ist, und es darum Sünde sei, gegen derartig eingesetzte Autoritäten Widerstand zu leisten (Röm 13,1–7). *Eine* Möglichkeit, mit diesem Dilemma umzugehen, bestand darin, sich bewusst zu machen, dass, was immer man von der Ermahnung des Paulus hält, Jesus selbst Widerstand gegen die römische Herrschaft geleistet hatte, so dass es legitim ist, wenn gute Menschen gegen eine verbrecherische Herrschaft Widerstand leisten.

Diese Argumentation, deren wichtigster Vertreter Oscar Cullmann mit *Der Staat im Neuen Testament* war,[12] weckte das Interesse an den Zeloten und anderen jüdischen antirömischen Aufständischen. Das Buch Cullmanns wurde 1956 veröffentlicht, eben als Hengel mit seiner Doktorarbeit begann. Hengels Buch ist die wichtigste Frucht dieses Trends, der weiter wirkte und seinen Höhepunkt in S. G. F. Brandons *Jesus and the Zealots* (1967)[13] hatte. Obwohl Hengel sich sorgfältig bemüht, zwischen Jesus und den Zeloten zu unterscheiden und zwar sowohl in *Die Zeloten* als auch in seiner späteren Schrift *War Jesus Revolutionär?* (1970)[14] und anderswo, so legt er doch am Ende des Buches Wert auf die Gemeinsamkeiten zwischen

---

[12] O. Cullmann, Der Staat im Neuen Testament, Tübingen 1956.

[13] S. G. F. Brandon, Jesus and the Zealots. A Study of the Political Factor in Primitive Christianity, Manchester 1967.

[14] M. Hengel, War Jesus Revolutionär?, CwH 110, Stuttgart 1970

ihnen, vor allem im Blick auf den Messianismus und die Feindschaft gegen Rom.

Hier möchte ich mich einem dritten Element, das Hengel offenbar bewegt hat, und das das Hauptthema seines Buches bestimmt, zuwenden. Jeder, der ein Buch über „die jüdische Freiheitsbewegung" – so der Untertitel von Hengels Buch – innerhalb der ersten zehn Jahre nach der Gründung des Staates Israel schrieb, konnte nicht ohne jeglichen Bezug darauf schreiben. *Mutatis mutandis* möchte ich Hengels Buch mit einem israelischen Bestseller jener Jahre vergleichen, nämlich Joseph Klausners Sammlung *K^{e}scheUmma Nilḥemet ʿal Ḥerutah* (*Wenn ein Volk für seine Freiheit kämpft*), das innerhalb der 25 Jahre zwischen 1935 und 1960 elf Auflagen erlebte.[15] Diese Sammlung auf Hebräisch geschriebener biographischer Essays, von denen mehrere jüdischen Aufständischen gegen Rom gewidmet sind, war ganz offensichtlich und auch ausdrücklich für junge israelische Leser bestimmt, um sie zu ermutigen, solchen antiken Vorbildern nachzueifern.[16]

Hengel hat viel von Klausner gelesen, auf Hebräisch und in anderen Sprachen. Natürlich war aber Hengels Buch nicht dazu bestimmt, israelische Jugendliche zum Freiheitskampf zu ermutigen, und tatsächlich widerspricht

---

= DERS., Jesus und die Evangelien. Kleine Schriften V, WUNT 211, Tübingen 2007, 217–244.

[15] J. KLAUSNER, K^{e}scheUmma Nilḥemet ʿal Ḥerutah, Tel-Aviv ^{8}1952.

[16] „So hat dieses Buch, neben seinem rein wissenschaftlichen Ziel, auch ein anderes Ziel: den Geist und die Hände unserer Söhne für den schweren Krieg für unser Land und in unserem Land zu stärken" (Ende des Vorworts zur 8. Ausgabe, Tel-Aviv 1952, S. XI).

er Klausner oft, wie ich noch zeigen werde. Was waren Hengels Interesse und Vorhaben?

Der zentrale Gedanke in Hengels *Zeloten* scheint mir eindeutig der zu sein, dass die Aufständischen, die er unter der Rubrik „Zeloten" einordnete, Anhänger einer gewissen Art des Judentums waren, und zwar Anhänger einer bestimmten Form der jüdischen *Religion*. Im Gegensatz zu Josephus, der sie als „Gangster" darstellte, aber auch im Gegensatz zu Klausner, der sie als nationalistische Aufständische, die nach politischer Freiheit und Selbstbestimmung strebten, verstand, zeichnete Hengel sie als religiöse Menschen, deren Kampf der Errichtung der Gottesherrschaft in Israel gewidmet war und die daraus die Gewissheit zogen, dass der Gott Israels ihren Kampf zum Sieg führen würde. Wie Klausners Buch beruhte auch Hengels Werk auf der Analyse der Informationen des Hauptzeugen Josephus, eines sehr feindseligen Zeugen, und auf der Re-Interpretation der Daten in einer Weise, die ihnen einen positiven Sinn gaben. Im Unterschied aber zu Klausners positiver Orientierung, die man von einem Zionisten der Generation der Gründung des jüdischen Staates erwartete, war Hengels die eines Christen, der etwas anderes im Sinn hatte. Im folgenden will ich versuchen zu erklären, was dies war. Doch zunächst will ich einige wichtige und repräsentative Beispiele von Hengels Ansatz geben.

1. Der Grundtenor des „Gesamtüberblicks", mit dem Hengel *Die Zeloten* beschließt, ist, dass die Zeloten, die er in seinem Buch untersuchte, eine „Grundlehre" hatten, nämlich „die Forderung nach der Alleinherrschaft Gottes (...); sie war verbunden mit der Erwartung, dass durch den

Kampf gegen die römischen Unterdrücker die eschatologische Befreiung Israels eingeleitet würde. Wesentlich für die neue Bewegung waren außerdem profetisches Charismatikertum (…)", das auch „die Bereitschaft zum Martyrium in sich schloss, sowie eine rigorose Gesetzesauffassung".[17] Tatsächlich ist jede Gruppe, die mit Begriffen wie Theologie, Eschatologie, Charisma, Prophetie, Martyrium und rigoroser Hingabe an das jüdische Gesetz beschrieben wird, eine religiöse Gruppe. Wenn man aber Josephus oder Klausner gebeten hätte, eine derartige Liste aufzustellen, wäre sie ganz anders ausgefallen.

2. In ähnlicher Weise beklagte sich Hengel im Vorwort zur englischen Ausgabe von 1989[18] über die Mode, die jüdische Erhebung gegen Rom mehr auf der Basis sozialer als religiöser Fragen zu erklären. „Dieses Unverständnis für die grundlegende Bedeutung religiöser Anschauungen und Hoffnungen im Judentum der frühen römischen Kaiserzeit, die auch das politische Handeln radikaler Gruppen bestimmten, muss zu einer Fehlbeurteilung jener faszinierenden, aber zugleich tragischen Epoche der jüdischen Geschichte führen, in der das Christentum aus jüdischen Wurzeln entstand, aber zugleich die Judenschaft in Judäa (und Ägypten) sich in drei Aufständen selbst zerstörte" (354). Wie auch sonst in der zweiten Auflage des Werks liefert sich Hengel unentwegt Scharmützel mit H. Kreissigs *Die sozialen Zusammenhänge des judäischen*

[17] Hengel, Zeloten 1961, 284 = Zeloten 2011, 375.

[18] Deutsch: M. Hengel, Judaica et Hellenistica, Kleine Schriften I, Tübingen 1996, 351–357.

Krieges (1970)[19], und so betont er auch hier bereits im Vorwort, dass man den Blick auf die *Religion* richten muss, wenn man die jüdischen Aufstände gegen Rom verstehen möchte.

Diese betont in der Schlusszusammenfassung und im Vorwort beschriebene Grundüberzeugung, dass die Zeloten eine religiös orientierte Gruppe waren, leitete ganz und gar Hengels Interpretation zahlreicher Punkte und Ereignisse, seien sie groß oder klein. Und ich möchte von vornherein betonen, dass diese These völlig plausibel ist und eine gute Grundlage in vielen Quellen hat. In der gebotenen Kürze möchte ich hier die vier Hauptsäulen aufzeigen, auf die Hengel seine These gebaut hat:

1. Der Begriff „Zelot", den Josephus für eine wichtige Gruppe jüdischer Aufständischer gegen Rom benutzt, verweist auf die biblischen Helden Pinhas und Elia, die für Gott „eiferten"; siehe Num 25,11–13 und 1 Kön 19,14.

2. Josephus zählt die aufständische Bewegung, die von Judas, dem Galiläer, gegründet wurde, als Vierte Philosophie neben den Pharisäern, Sadduzäern und Essenern (Ant 18, 9, 23) – und niemand zweifelt daran, dass diese drei religiöse Gruppen waren.[20]

---

[19] H. Kreissig, Die sozialen Zusammenhänge des jüdischen Krieges. Klassen und Klassenkampf im Palästina des 1. Jahrhunderts v. u. Z., Schriften zur Geschichte und Kultur der Antike 1, Berlin 1970.

[20] Hier sei bemerkt, dass die Annahme Hengels, dass man nicht zu streng zwischen „Zeloten" und „Sikariern" (= 4. Philosophie) unterscheiden kann, heftige Debatten hervorgerufen hat. Zu seiner rückblickenden Verteidigung seines Standpunktes, s. „Zeloten und Sikarier: Zur Frage nach der Einheit und Vielfalt der jüdischen Befreiungsbewegung 6–74 nach Christus" (in: O. Betz u.a. [Hg.], Josephus-Studien.

3. Sogar Josephus betont in Ant 18 (§ 23), dass die Mitglieder der Vierten Philosophie Auffassungen vertraten, die denen der Pharisäer glichen, und dass ein Pharisäer einer der Mitbegründer der Bewegung war.

4. Als Hauptanliegen der Bewegung nennt Josephus den Glauben, dass nur Gott als Herrscher anerkannt werden dürfe (Bell 2,118.433; 7,323.410.418; Ant 18,23–24)[21] – und dies ist tatsächlich eine Forderung aus dem Bereich der Religion.

So kann man allgemein sagen, die Auffassung, dass die jüdischen Aufständischen gegen Rom eine religiöse Bewegung waren, hätte offene Türen einrennen müssen. Die Tatsache, dass dies nicht der Fall war, ist Josephus' Antipathie gegenüber den Aufständischen geschuldet. Josephus tat alles, um sie zu verurteilen und als gottlos zu beschreiben. Folglich findet in Hengels Methodologie in *Die Zeloten* wiederholt ein stategischer Wechsel statt, insofern er die Nachrichten des Josephus über die Zeloten aufnimmt, aber in ihrer Interpretation abweicht.[22]

Manchmal ist das sehr gut begründet und überaus überzeugend. Nehmen wir zum Beispiel Bell 4,147 ff., wo

---

Festschrift O. Michel zum 75. Geburtstag, Göttingen 1974, 175–196; HENGEL, Zeloten ²1976, 387–412; jetzt in: HENGEL, Zeloten ³2011, 378–402). Alle stimmen aber überein, dass hinter den beiden Namen Gruppen standen, die einander irgendwie ähnlich und doch wieder verschieden waren; oft wirken die diesbezüglichen Debatten, obwohl sie viel Neues hervorbrachten, wie Diskussionen über die Frage, ob eine Tasse zur Hälfte voll oder zur Hälfte leer sei.

21 HENGEL, Zeloten 1961, 93–94.

22 Oft betont Hengel, dass die Darstellungen des Josephus als „polemische Umkehrung" zu lesen und zu dechiffrieren sind; s. HENGEL, Zeloten ³2011, 551, Register, s.v. „Josephus – ‚polemische Umkehrung'".

Josephus berichtet, dass die Zeloten einen neuen Hohenpriester durch Los bestimmt hätten. Josephus war darüber empört und beklagt sich lautstark über das Abweichen von der Tradition:

In gleichem Maße wie das Volk der Hilflosigkeit und Angst verfiel, steigerte sich der Wahnsinn der Räuber, so daß diese schließlich sogar die Wahl der Oberpriester als ihre Aufgabe betrachteten. Sie erklärten die Ansprüche der Geschlechter für ungültig, aus denen der Reihe nach die obersten Priester ernannt worden waren, und setzten dafür unbedeutende Männer von niedriger Abstammung ein, damit sie so Spießgesellen für ihre Frevel gewönnen.“ Der alte Brauch diente ihnen als Vorwand für diese Neuerung, da auch im Altertum – so behaupteten sie – das hohepriesterliche Amt durch Los erteilt worden sei. „In Wirklichkeit [aber] bedeutete dieser Schritt die Auflösung des besser begründeten Rechts und eine Machenschaft, um sich an der Macht zu halten, indem man die höchsten Stellen selbst besetzte“ (Bell 4,147–154).[23]

In der Diskussion dieses Vorfalls beklagt Hengel (wie auch der Exkurs IV zur Stelle bei Michel-Bauernfeind)[24] zunächst, Klausner deute „die Wahl rein profan-politisch und verfehl(e) dadurch ihren tieferen Sinn“,[25] und fährt dann fort, die biblischen Grundlagen für das Verfahren der Zeloten zu unterstreichen: „Um nun aus den in Frage kommenden Familien (…) den von Gott gewollten Hohenpriester herauszufinden, bedienten sie sich der alttestamentlichen Form des Gottesurteils und warfen das Los.“[26] Das heißt, Josephus lieferte die Information und verstand sie als Beweis für die Gottlosigkeit der Zeloten

[23] Nach Michel-Bauernfeind II,1, 25.
[24] Michel-Bauernfeind II,1, 211.
[25] Hengel, Zeloten 1961, 225, Anm. 3.
[26] Hengel, Zeloten 1961, 225.

und das Fehlen des Respekts vor der jüdischen Tradition; Hengel nahm die Nachricht auf, verstand sie aber gerade als Beweis für die Frömmigkeit der Zeloten und ihre Abhängigkeit von der Bibel – eben jene andere Interpretation, die Josephus erwähnt, aber verworfen hatte.

Dieses erste Beispiel von Hengels Methode in *Die Zeloten* ist, so glaube ich, völlig überzeugend, weil es sehr einfach ist und zwar aus zwei Gründen: Es ist einleuchtend und es folgt ausdrücklich der Aussage der Quelle, Josephus. Es ist einleuchtend, denn wir sind gerne bereit zu glauben, dass der Gebrauch des Loses letztlich bedeutet, die Entscheidung Gott zu überlassen; diese Erklärung liegt auf der Hand, und stimmt überein mit dem, was unsere Quelle ausdrücklich berichtet. Die einzige Neuerung Hengels besteht darin, dass er uns überzeugen möchte, dass die Zeloten ehrlicher waren als Josephus, der behauptet, ihre religiöse Begründung und ihre Neuerung seien nur Vorwand gewesen.

Unser nächstes Beispiel unterscheidet sich freilich in beiderlei Hinsicht: Es ist weder unmittelbar einleuchtend noch explizit. Im Blick auf zwei Rebellenführer, Simon und Athronges, die nach dem Tod des Herodes auftraten und von Josephus als Banditen bezeichnet werden, vertritt Hengel die Auffassung, sie seien von ihren Anhängern als Messiasse betrachtet worden.[27] Das heißt, Hengel nimmt an, dass ihre Anhänger sie als religiöse Gestalten im Licht der biblischen Prophetie sahen, und dass folglich auch wir als Historiker dasselbe tun sollten. Diese Vermutung

---

[27] Hengel, Zeloten 1961, 298.

beruht hauptsächlich auf dem Bericht des Josephus (Bell 2,57 ff.), dass sie sich selbst mit königlichen Diademen krönten, und dass sie als körperlich sehr stark beschrieben werden. Obwohl Josephus keine Hinweise darauf gibt, was Diademe und Stärke bedeuten könnten, behauptet Hengel, die Kronen seien messianisch zu deuten und die körperliche Stärke sei mit den biblischen Verheißungen (Sach 9,13 vgl. Lk 11,23) zu verbinden, wo von einem Starken, einem *gibbor*, gesprochen wird, der den Heiligen Krieg der Endzeit führen wird. Hengel geht sogar noch einen Schritt weiter, indem er vorschlägt, dass der Name eines der beiden Rebellen, Athronges, eine Anspielung auf den *ethrog* darstellt, jene Zitrusfrucht, die Juden beim Laubhüttenfest benutzen und die auf verschiedenen antiken Münzen dargestellt ist. Mit anderen Worten, auch hier hat Hengel Nachrichten des Josephus aus dem Kontext eines völlig negativen Berichts, in dem dieser die Verwendung der Diademe als Beweis für den Hochmut und die körperliche Stärke als Zeichen von Gewalt interpretiert, aufgenommen und sie religiös verstanden, indem er sie in den Zusammenhang der Bibel und der jüdischen Tradition stellte.

Dieses Beispiel scheint mir weniger sicher als das vorhergehende zu sein. Es ist ja leichter anzunehmen, dass Leute, die einen Hohenpriester durch Los wählten, sich von Gott abhängig sahen, dass *er* entscheide, als anzunehmen, dass Leute, die Diademe verwendeten und körperlich stark waren, deshalb als Messiasse betrachtet werden können oder sie es waren. Aber aus der Tatsache, dass dieses Beispiel nicht so recht überzeugt, und Hengel es trotzdem bietet, können wir erkennen, wie wichtig es für ihn in *Die Zeloten* war, darauf zu bestehen, dass die Aufständischen religiöse Leute waren.

Dies führt uns zu einem dritten Beispiel dieser Art, welches noch problematischer ist und bereits in eine andere Richtung weist – eine Richtung, von der ich glaube, dass Hengel sie selbst in dem Jahrzehnt nach der Veröffentlichung von *Die Zeloten* eingeschlagen hat. Das Beispiel betrifft seine Behandlung von Josephus' Bericht über das Verhalten der Juden nach ihrem unerwarteten Sieg über Cestius Gallus im Anfangsstadium des Aufstands von 66 (Bell 2,554). Hengel kommentiert dies in folgender Weise:

> Sehr wahrscheinlich sahen die radikalen Gruppen darin den Auftakt zum eschatologischen Endkampf. Wie in der Makkabäerzeit zog man beutebeladen und unter Lobgesängen (μετὰ παιάνων) in die Heilige Stadt ein und ging folgerichtig sofort zum Angriff gegen die heidnischen Nachbarn über. Angriffsziel war Askalon, doch der mit einem Übermaß an religiöser Begeisterung ausgeführte Vorstoß scheiterte kläglich.[28]

Hier führt Hengel die Eschatologie in die Geschichte ein (den „eschatologischen Endkampf") und religiöse Begeisterung in deren Verlauf, obwohl beides weder eine explizite noch implizite Grundlage in Josephus` Bericht hat. Hengel war der Überzeugung, dass sie Teil dieser Geschichte gewesen sein *müssen*, und Josephus diese Elemente, im Bestreben, den Aufrührern schwarze Hüte aufzusetzen, unterschlagen hat. Gerade wie in unserem vorhergehenden Beispiel, in dem Josephus die messianische Bedeutung der Diademe und der körperlichen Stärke verschwieg, so

[28] Hengel, Zeloten 1961, 290.

behauptet Hengel auch in diesem Fall, dass man, wenn man die Geschichte verstehen möchte, sie mit religiösem Vokabular füllen müsse, dessen Gebrauch Josephus verweigerte, weil er den Aufrührern feindlich gegenüberstand.

Wie weit Hengel in dieser Hinsicht zu gehen bereit war, sieht man an zwei kleinen Änderungen, die er in die deutsche Übersetzung des Josephus einführte: Liest man bei Michel-Bauernfeind, die Aufständischen „eilten unter Siegesgesängen in die Hauptstadt zurück",[29] schreibt Hengel dagegen: „zog man beutebeladen und unter Lobgesängen (*μετὰ παιάνων*) in die Heilige Stadt ein".[30] Hauptstadt wurde zu Heiliger Stadt, und Siegesgesänge wurden zu Lobgesängen; beide Änderungen sollen uns bestätigen, dass die Welt dieser antiken jüdischen Rebellen eine religiöse Welt war. Tatsächlich klingt aber *παιάν* („Siegesgesang") ganz heidnisch, wie Steve Mason in seinem Kommentar zur Stelle schreibt. Wie er zeigt, ist der Begriff, den Josephus verwendet, heidnisch, und er wurde daher von Juden im Blick auf den jüdischen Gottesdienst vermieden.[31] Ja, es ist sogar möglich, dass Josephus hier ironisch andeuten will, dass die aufrührerischen Juden absichtlich heidnische Gesänge und nicht Hymnen oder Psalmen gesungen haben.

Nun kann es sehr wohl sein, dass beide Gelehrte recht haben. Mason hat eindeutig darin recht, dass *παιάν* kein Wort ist, das Juden für jüdische Gebete verwendeten, aber

---

[29] Michel/Bauernfeind I, 293.

[30] Hengel, Zeloten 1961, 290.

[31] S. Mason, Judean War 2, Flavius Josephus: Translation and Commentary, 1b, Leiden 2008, 377, Anm. 3326.

Hengel mag genauso recht haben, dass die Sache, auf die sich das heidnische Wort bezieht, tatsächlich jüdische Gebete und Psalmen meint. Der Gebrauch bei Josephus von παιάν an dieser Stelle könnte nun in verschiedener Weise erklärt werden. Hengel könnte ohne Schwierigkeiten zustimmen, dass Josephus παιάν (statt z.B. „Psalmen") verwendete, weil er die Aufständischen beschuldigen wollte. Gleichwohl könnte Hengel aber vermuten, wie auch ich, dass das Wort παιάν ganz einfach von den griechischen Assistenten des Josephus im *Bellum* (s. cAp 1,50) hinzugefügt wurde, Assistenten, die mit dem griechischen Gebrauch vertraut waren, aber denen die Sensibilität, die Juden gegenüber diesem Begriff hatten, fehlte.[32] Wie dem auch sei, Hengel würde seine Auffassung verteidigen, dass die Aufständischen tatsächlich Psalmen sangen, und vielleicht hat er damit sogar recht.

Dieses Beispiel zeigt deutlich Hengels Zugang in *Die Zeloten*: Wie auch in anderen Fällen übernimmt er Nachrichten des Josephus, die dieser dazu benutzt, die Aufständischen zu verurteilen und sie weit von der jüdischen Religion zu entfernen, und verwendet sie für das Gegenteil. Dieses Beispiel führt uns aber insofern weiter, als Hengel erwähnt, dass das Singen solcher Lobgesänge typisch für

---

[32] Hengel spielt hier also diesselbe Rolle gegenüber Josephus, wie Josephus selbst in Ant 20,116: Im gleichem Zusammenhang, wo seine Assistenten in Bell 2,230 von jüdischer δεισιδαιμονία (wörtlich: Furcht vor Dämonen) sprachen, zieht Josephus es vor, von Treue gegenüber den Gesetzen Gottes zu sprechen. Für die paganen Assoziationen von δεισιδαιμονία und jüdischer Abneigung vor diesem Terminus, s. P. J. Koets, Δεισιδαιμονία: A Contribution to the Knowledge of the Religious Terminology in Greek, Diss. Utrecht, Purmerend 1929.

die makkabäische Zeit war („wie in der Makkabäerzeit").[33] In einer Anmerkung zur Stelle nennt er aber nur zwei Belege: 1 Makk 4,24 und 2 Makk 15,29 – die erste Stelle bezieht sich auf die Rückkehr des Judas Makkabäus und seiner Leute nach einem sicheren Sieg im Jahr 164 v. Chr., die zweite auf die Feier eines anderen Sieges über die Seleukiden im Jahr 161 v. Chr. Das heißt, beide Beispiele beziehen sich nur auf das erste Jahrzehnt der makkabäischen Epoche; Hengel bringt keine weiteren Belege mehr für irgendwelche psalmensingende Soldaten aus dieser Epoche und, so weit ich sehe, gibt es keine, obgleich das 1. Makkabäerbuch fortfährt, die nächsten drei Jahrzehnte der Makkabäerzeit detailliert zu beschreiben. Nun ist das 1. Makkabäerbuch die Geschichte einer Dynastie und im Land Israel von jemandem verfasst, der dem Hof nahestand, und, was ich unterstreichen möchte, ist, dass wir nicht allzu schnell annehmen sollten, dass der Verfasser oder die Dynastie, deren Lied er sang, religiös war.

Ich möchte diesen Punkt gerne vertiefen, denn die Neigung, die frühesten Tage der Makkabäerzeit als für die ganze Epoche charakteristisch anzusehen, ist sehr bezeichnend für Hengels *Zeloten* – wahrscheinlich weil wir dort, in den ersten zwei Kapiteln des 1. Makkabäerbuches, ausdrückliche Hinweise auf Pinhas und „Eifer" finden (1 Makk 2,24.26.54; s. auch 1,15 [„zusammenjochen", „sich unter ein Joch begeben"] in Verbindung mit Num 25,3.5 und 1,64 [„Zorn auf Israel"] in Verbindung mit Num 25,4). Ich verweise besonders auf den ausführlichen

[33] Hengel, Zeloten 1961, 290.

Abschnitt „Der Eifer in der Makkabäerzeit“,[34] der sich direkt auf die Tage des Mattathias bezieht. Obwohl das 1. Makkabäerbuch 16 Kapitel aufweist, stammen alle Belege Hengels aus den ersten drei Kapiteln dieses Werks, eben jener Kapitel, die von den Tagen des Mattathias und des Judas Makkabäus handeln. Dennoch schreibt Hengel einige Abschnitte weiter bei der Diskussion des Verhältnisses zwischen den Makkabäern des 2. Jh.s v. Chr. und den Zeloten des 1. Jh.s n. Chr.: „Auch wenn die Zeloten als organisierte Bewegung zu jenem Zeitpunkt – eben der Zeit der Makkabäer (DRS) – noch nicht nachzuweisen sind, war doch seit Mattathias der Eifer für Gott als religiöse Haltung lebendig.“[35]

Mit „seit Mattathias“ hat Hengel noch einmal den Befund bezüglich der Tage des Mattathias und der frühen Jahre des Judas verallgemeinert, d.h. er hat die Zeit um 160 v. Chr. als Beleg genommen, als ob sie Zeugnis für etwas wäre, das damals begann und bis in die römische Zeit hineinreichte, als die Zeloten unter dieser Bezeichnung erschienen. Nun erkennt Hengel,[36] dass das 1. Makkabäerbuch ab Kapitel 2, das sich auf die 160er Jahre bezieht, nicht mehr von „Eifer“ spricht. Dennoch beschreibt er die nachfolgenden makkabäischen Kriege als „Heilige Kriege“ – und wäre diese Charakterisierung überzeugend, so wäre es möglich, von der Heiligkeit der Kriege auf den religiösen Eifer der Krieger zu schließen. Das heißt, es würde den Eindruck bestätigen, dass es religiöser Eifer war,

---

[34] Hengel, Zeloten 1961, 154–159.
[35] Hengel, Zeloten 1961, 176.
[36] Hengel, Zeloten 1961, 157.

der die Hasmonäer durch ihre ganze Geschichte bewegte, und das würde die Folgerung stützen, dass hinter den Zeloten der römischen Zeit eine ununterbrochene Tradition religiösen Eifers lag.

Damit erreichen wir einen für mich sehr wichtigen Punkt. Tatsache ist, dass wir in eine schwierige Lage kämen, müssten wir die Auffassung verteidigen, dass der Autor des 1. Makkabäerbuches die Kriege als Heilige Kriege verstanden habe. Der Begriff erscheint nicht in diesem Buch. Auch das Wort *ḥerem*, Bann, das oft in Verbindung mit Heiligem Krieg verwendet wird und griechisch mit *anathema* übersetzt wird, taucht nicht im 1. Makkabäerbuch auf.[37] Hengel hat selbst an anderer Stelle den Unterschied der ersten Jahre der makkabäischen Erhebung und der späteren Kriege gesehen: „Mit dem Fortschreiten des Kampfes änderte sich auch das Kriegsziel: (…) vor allem nach dem Tode des Judas trat ‚der Eifer für das Gesetz' gegenüber anderen Motiven – vor allem dem Streben nach politischer Unabhängigkeit – mehr und mehr zurück."[38]

Werfen wir für einen Moment einen Blick auf Gerhard von Rads Monographie *Der heilige Krieg im alten Israel*, die 1951 erschien,[39] eben in der Zeit, als Hengel sein

[37] Zwar erscheint das Verbum einmal (5,5), aber ohne Nuancen oder Einzelheiten, die andeuten würden, dass etwas anderes als „total zerstören" oder „vernichten" gemeint sei; der Autor gibt dementsprechend keine Erklärung dafür, warum die Bekämpfung von jenen Feinden anders und sakraler sein sollte, als die der vielen anderen Feinde, die in diesem Kapitel erwähnt werden.

[38] HENGEL, Zeloten 1961, 157.

[39] G. VON RAD, Der heilige Krieg im alten Israel, AThANT 20, Zürich 1951.

Theologiestudium abschloss. Nach der Diskussion des Heiligen Krieges in der biblischen Zeit beginnt von Rad mit einer sorgfältig gewählten, aber doch eigentümlichen Formulierung:

> In der Makkabäerzeit haben die Juden noch einmal ganz überraschend mit der Waffe in das politische Geschehen eingegriffen und sie haben, wie wir der Berichterstattung des 1. Makkabäerbuches doch glauben dürfen, noch einmal heilige Kriege geführt.[40]

Der Grund für das Zögern („wie wir … doch glauben dürfen") wird kurz darauf deutlich, wenn von Rad erwähnt, dass trotz der äußeren Ähnlichkeiten zwischen den hasmonäischen Kriegen und den biblischen Heiligen Kriegen ein Problem besteht: Biblische Heilige Kriege standen unter der Leitung von charismatischen Anführern, Personen, auf die der göttliche Geist gekommen war, wie wir ja häufig im Richterbuch lesen. Im Gegensatz dazu schreibt von Rad über die Makkabäer:

> Prüft man daraufhin die Auffassung des 1. Makkabäerbuches, so tritt ein deutlicher Mangel zu tage. Zwar spielen die religiösen Kriegsansprachen eine grosse Rolle, doch kontrastiert damit eine merkwürdig säkulare Auffassung von dem Ablauf der kriegerischen Geschehnisse.[41]

Von Rad zitiert nun Schürers Kommentar: „Es ist (…) bemerkenswert, dass die Erfolge der makkabäischen Bestrebungen fast nirgends auf ein unmittelbares wunderbares Eingreifen Gottes zurückgeführt werden, sondern durchgängig als Resultat der kriegerischen Tüchtigkeit

---

[40] von Rad, Krieg, 83.
[41] von Rad, Krieg, 84.

und politischen Klugheit der makkabäischen Fürsten erscheinen (…)“[42], und kommt dann zu dem Schluss: „Es geht diesem Historiker im Letzten doch viel mehr um das δοξασθῆναι [‚verherrlicht werden‘, DRS] der Juden (1. Makk. 11, 51) als um eine Darstellung der wunderhaften Geschichtstaten Gottes.“[43]

Wir sehen hier, wie von Rad in Erwägung zieht, dass die Kriege der Hasmonäer Heilige Kriege waren, obwohl der Verfasser des 1. Makkabäerbuches sie nicht als solche darstellt. In unserem Zusammenhang können wir die Frage auf sich beruhen lassen, ob sie tatsächlich von denen, die sie führten, als Heilige Kriege verstanden wurden, und uns dafür dem Problem zuwenden, dass der Verfasser des 1. Makkabäerbuches sie nicht als solche dargestellt hat. Nun war aber der Verfasser des 1. Makkabäerbuches der Hofhistoriker der Hasmonäer, der irgendwann im späten 2. Jh. v. Chr. geschrieben hat, und wenn er es nicht richtig fand, seine Helden als von Gott geleitet beziehungsweise durch ihren Glauben an Gott geleitet zu zeigen, so sagt das etwas über die Werte, die am Hof oder in der intendierten Leserschaft dieser Hofberichtserstattung lebendig waren und als gut empfunden wurden, aus, oder eben nicht. Das heißt, unser Vertrauen darauf, dass die Vorläufer der

---

[42] E. Schürer, Geschichte des jüdischen Volkes im Zeitalter Jesu Christi, III, Leipzig [4]1909, 193.

Schwerer annehmbar ist m.E. die Fortsetzung Schürers: „Allerdings handeln diese Fürsten stets im unerschütterlichen Vertrauen auf Gottes mächtigen Schutz und Beistand. Man würde also irren, wenn man dem Verfasser religiösen Sinn absprechen wollte.“

[43] von Rad, Krieg, 84.

Zeloten religiöse Leute waren, ist weniger gut begründet, als wir gedacht hätten.

Das Problem liegt jedoch tiefer. Nicht nur, dass das 1. Makkabäerbuch seine Helden nicht als von Gott inspiriert beschreibt, nach den ersten Kapiteln redet es, abgesehen von einigen Inszenierungen, überhaupt nicht mehr von Gott.[44] Wenn wir also für einen Moment mit von Rad fortfahren, so ist festzustellen, dass, obgleich er sieben Beispiele für das anführt, was er „religiöse Kriegsansprachen" im 1. Makkabäerbuch nennt, und behauptet, sie spielten „eine grosse Rolle", vier der sieben Reden in den ersten fünf Kapiteln stehen, und dass von den letzten dreien (9,8; 9,44 ff.; 13,3 ff.) nur die zweite (9,46) direkt oder indirekt Bezug auf Gott nimmt; die erste (9,10) klingt dagegen ganz homerisch und hat überhaupt keinen religiösen Inhalt. Es ist tatsächlich so, wie Carl Grimm schon vor eineinhalb Jahrhunderten in seinem Kommentar zum 1. Makkabäerbuch feststellte, dass Gott in dem Buch nicht vorkommt, zumindest nicht mehr nach den ersten fünf Kapiteln. Eine meiner Lieblingsstellen in der deutschen wissenschaftlichen Literatur ist Grimms Bemerkung, dass das 1. Makkabäerbuch „nur in Einem nicht unwesentlichen Puncte" von der biblischen

---

[44] Siehe D. R. Schwartz, 2 Maccabees, CEJL, Berlin 2008, 63–64; siehe auch A. Enermalm, Prayers in Wartime: Thematic Tensions in 1 Maccabees, StTh 49 (1995) 272–286. Nach Enermalm gibt es im 1. Makkabäerbuch zwei ganz verschiedene Richtungen. Eine davon, „the pro-Hasmonean line of the story [,] is easily explainable as the result of an author writing on commission" (273), die andere ist religiös, stammt vielleicht aus hasidischen Kreisen und verschwindet nach Kap. 7 (278–279).

Geschichtsschreibung abweiche, nämlich dass in letzterer Gott in der Geschichte waltet.[45]

Eine andere Lieblingsformulierung ist K. D. Schuncks Aussage in seinem Kommentar zum 1. Makkabäerbuch von 1980: „Der Gewohnheit der Zeit entsprechend, vermeidet das I Makk eine Anführung des Gottesnamens Jahwe ebenso wie jede direkte Erwähnung Gottes und gebraucht dafür den Begriff ‚Himmel' (3,18 f. 50,60; 4,10.40 u. ö.)."[46] Das sieht so aus, als hätten wir viele Belege, in denen für Gott „Himmel" steht, jedenfalls in jedem Kapitel einige, so dass es keinen Sinn machte, sie einzeln aufzuführen. In Wahrheit ist es aber so, dass, wenn man nachprüft, was „und öfter" bedeuten mag, man nur noch auf drei weitere Belege im ganzen Buch stößt: 9,46; 12,15 und 16,3. Das ist nicht allzu viel. Nach meiner Auffassung teilt Hengel in *Die Zeloten* die Meinung von Grimm und Schunck, dass Juden und jüdische Bücher ganz einfach religiös sein müssten; es scheint, dass es schwer für Theologen ist, auf diese Annahme zu verzichten.[47]

---

[45] C. L. W. Grimm, Das erste Buch der Maccabäer, Kurzgefasstes exegetisches Handbuch zu den Apokryphen des Alten Testamentes 3, Leipzig 1853, xviii.

[46] K.-D. Schunck, I. Makkabäerbuch, JSHRZ I/4, Gütersloh 1980, 293. Vgl. ibid. 303.308 – Schunck fügt „Gott" eingeklammert ein in seine Übersetzungen von 1,64 und 3,8.

[47] Besonders für Katholiken stellt das 1. Makkabäerbuch ein Problem dar, da es für sie vollgültiger Teil der Heiligen Schrift ist. Siehe z.B. F.-M. Abel und J. Starcky, Les livres des Maccabées, La Sainte Bible, Paris 1961, 13: Sie sind fast bereit, die Abwesenheit Gottes zuzugeben, aber nur fast („pour être moins accentuée que dans les livres des Juges et des Rois, l'action de Dieu sur les événements n'en est pas absente"), und sie bestehen auf der Behauptung dass „Les malheurs sont considérés

Um zu Hengel zurückzukehren: Wir haben gesehen, obgleich es für ihn äußerst wichtig war, den religiösen Charakter der Hasmonäer zu erfassen und herauszustellen – denn nur so können sie echte religiöse Vorbilder und Vorläufer für die späteren antirömischen Aufständischen seines Buches sein –, dass trotzdem das Werk, das am besten geeignet ist, hasmonäische Werte aufzuzeigen, wie sie sich nach den allerersten Jahren der Bewegung – die tatsächlich von religiösem Eifer getränkt waren – stabilisierten, erweist, dass die Hasmonäer sehr gut ohne Gott auskamen. Das hatte sicher eine Menge mit der religiösen Opposition gegen die Hasmonäer etwa ein halbes Jahrhundert nach Beginn der hasmonäischen Herrschaft vonseiten der Pharisäer und der Qumrangemeinde zu tun. Je länger und intensiver man die Hasmonäerzeit erforscht, umso schwerer wird es, die Hasmonäer, die ja einen unabhängigen jüdischen Staat errichteten, als begeisterte Anhänger der jüdischen Religion zu betrachten. Ich möchte etwas Persönliches hinzufügen: Je länger man in Israel lebt – und ich tue das seit 40 Jahren –, desto besser erkennt man, dass Interesse oder Hingabe an den jüdischen Staat auf der einen Seite, und Interesse oder Hingabe an die jüdische Religion auf der anderen Seite, zwei völlig verschiedene Orientierungen sind, die manchmal übereinstimmen, manchmal nicht, und manchmal im Widerstreit liegen.

---

comme une punition du péché et les succès des champions de la cause du peuple sont rapportés à l'assistance divine." Sie zitieren keine Belege, und es wäre sehr schwer, solche für die erste Behauptung aus 1 Makk insgesamt zu bringen oder für die zweite aus 1 Makk 5–16.

Als Hengel *Die Zeloten* schrieb, reagierte er, worauf ich schon hingewiesen habe, auf israelische nationalistische Historiker wie Klausner, die die antiken Aufständischen gegen Rom als antike nicht-religiöse Nationalisten betrachteten, vergleichbar vielen oder gar den meisten modernen Zionisten. Hengel las Klausner sehr genau und beklagte sich hier und da über seine Haltung, eben über die Art und Weise, in der er die Bedeutung der jüdischen Religion *per se* verneinte.[48] Das ist bei jedem verständlich, der wie Hengel daran interessiert war, die jüdischen Wurzeln des Christentums zu entdecken. Seine Reaktion in *Die Zeloten* war, heftig in eine andere Richtung zu steuern, nämlich die Aufständischen als religiös darzustellen, und dies tut er nicht nur, wenn die Quellen es belegen – und manchmal tun sie das –, sondern auch, wenn sie es kaum andeuten.

Im Laufe der 60er Jahre jedoch muss Hengel gemerkt haben, dass es ein Irrweg ist, darauf zu bestehen, dass Juden, die nach Freiheit und Selbstbestimmung strebten und dafür bereit waren zu kämpfen, religiös bestimmt sein *mussten*. Vielleicht erschienen ihm einige seiner Interpretationen in *Die Zeloten* überzogen, wie auch mir (schließlich ist es ja üblich, dass Verfasser von Doktorarbeiten ihre Thesen stimmiger machen, als der Befund es erlaubt); vielleicht spielte die fortdauernde Existenz des Staates Israel als ein im Grunde nicht-religiöser oder sogar anti-religiöser Staat eine Rolle; und schließlich konnte einem Forscher, dessen Werk sich mit der Zeit des Zweiten Tempels im allgemeinen und den Zeloten im besonderen befasste, unmöglich

---

[48] S. insbesonders Hengel, Zeloten 1961, 147.

die große Publicity, die Yigael Yadins Ausgrabungen auf der Masada in den 60er Jahren begleiteten, entgehen. Diese zeigten gerade im Blick auf die Zeloten sehr deutlich, wie Juden antike jüdische Aufständische nationalistisch und ohne Bezug zur jüdischen Religion verstehen konnten, indem sie Selbstmörder zu Helden machten, obgleich die jüdische Religion dies für verwerflich hält.[49]

All diese Entwicklungen setzten ein großes Fragezeichen hinter die Vorstellung, jüdische Aufständische müssten als religiös motiviert verstanden werden. Einige waren es, andere waren es nicht. Aber wenn es so ist, dann gab es erhebliche Unterschiede unter den Juden im Altertum. Wenn sich darum Hengels erstes Buch mit dem Konflikt zwischen Juden und Nichtjuden befasste, also ein Buch über die Freiheitsbewegung „der Juden" gegen Rom war, so war es nur natürlich, dass sein nächstes großes Projekt dem Konflikt zwischen verschiedenen Arten des Judentums in der Antike gewidmet war – also nicht Juden, die sich gegen Fremde zusammenschlossen, sondern Juden, die sich gegen Juden stellten. Diese neue Ausrichtung führte schließlich zu seinem *Judentum und Hellenismus*, das in der Erforschung jener innerjüdischen Konflikte kulminierte, die so ausführlich im 2. Makkabäerbuch und verschiedenen anderen Quellen beschrieben werden.

---

[49] Zu den heftigen Debatten darüber während der 60er Jahre s. L. H. FELDMAN, Masada: A Critique of Recent Scholarship, in: J. NEUSNER (Hg.), Christianity, Judaism and Other Greco-Roman Cults: Studies for Morton Smith at Sixty, III, SJLA 12/3, Leiden 1975, 239–243, und N. BEN-YEHUDA, The Masada Myth: Collective Memory and Mythmaking in Israel, Madison, WI 1995, 45–46.

Wenn Hengel jedoch in den späten 60er Jahren die Unterschiede der verschiedenen Richtungen bei Juden in der Antike in den Blick nahm, dann ist diese Ausrichtung der Forschung genau das Gegenteil von der in den *Zeloten*. Ging es ihm dort darum zu zeigen, dass die antiken Aufständischen gegen Rom eine gemeinsame Grundüberzeugung hatten, nämlich eine religiöse, wie sie auch andere jüdische Gruppen hatten, so gelang es ihm nun, die grundlegenden Unterschiede zwischen den verschiedenen Richtungen von Juden festzustellen. Jetzt ging es ihm besonders um die Hellenisierer im Gegensatz zu den Hasmonäern. Für einen, dessen Hauptinteresse – wie er immer betonte – im Verstehen der jüdischen Wurzeln des Urchristentums lag, die er im Prozess der Hellenisierung erkannte – ich will hier nur auf seine mit Hermann Lichtenberger verfasste Studie *Die Hellenisierung des antiken Judentums als Praeparatio evangelica*[50] von 1981 verweisen –, war es nicht mehr nötig zu behaupten, dass die Hasmonäer und ihre Nachfolger sowie ihre Nachahmer im 1. Jh., die Aufrührer gegen Rom, samt und sonders religiöse Leute waren. Einige waren es, andere nicht. Auch wenn nicht alle religiös waren, so gab es doch hinreichend Religiosität, die das Entstehen des Christentums und das Überleben des Judentums ermöglichten.

---

[50] M. Hengel/H. Lichtenberger, Die Hellenisierung des antiken Judentums als Praeparatio Evangelica, Humanistische Bildung 4 (1981), 1–30 = M. Hengel, Judaica et Hellenistica, Kleine Schriften I, WUNT 90, Tübingen 1996, 295–313.

Die Bedeutung von Hengels neuem Interesse an der Konfrontation der Hellenisierer mit den Hasmonäern beruhte auf der Akzeptanz einer Spaltung im Judentum der Antike, und zwar einerseits zwischen Juden, deren Interesse dem Land Israel galt und die danach strebten, darauf einen Staat zu gründen, und andererseits Juden, die der jüdischen Religion ergeben waren. Wenn Hengel zuvor in den 50er Jahren in *Die Zeloten* behauptete, dass auch Juden, die nach unserer Hauptquelle Josephus nicht religiös waren, es doch gewesen sind, so brauchte er es jetzt nicht mehr zu beweisen. Zur antiken jüdischen Welt gehörten auch Juden, die, wie viele moderne Israelis, sich wenig aus der jüdischen Religion machten, die aber eine große Nähe zur Idee des jüdischen Volkes und seines Landes und Staates hatten.

Wir kehren zum Schluss zu unserer Ausgangsdiskussion über die Entwicklung von „Spätjudentum" zu „antikem Judentum" zurück und schlagen den Duden nochmals auf (s. Anm. 7). Das Wort „Spätjudentum" bezieht sich zweifellos auf eine Epoche in der Geschichte der jüdischen *Religion*. Als Hengel *Die Zeloten* schrieb, war die Annahme immer noch üblich, ja sogar selbstverständlich, das Judentum sei eine Religion, und wie wir sahen, war es das Ziel seines Buches zu zeigen, dass ein Teil der jüdischen Welt, bei dem Josephus sein Äußerstes getan hatte, ihn als nicht-religiös und darum anormal darzustellen, tatsächlich religiös war. Wenn er zehn Jahre später über Juden schrieb, die bewusst oder unbewusst ganz unterschiedliche Standpunkte gegenüber der jüdischen Religion einnahmen und nichtsdestoweniger Juden waren, so scheint es, dass er „Judentum" nun entsprechend der ersten Hauptbedeutung des Duden verstand, dass es nämlich um das jüdische Volk, nicht die jüdische Religion ging. Und das jüdische Volk hat selbstverständlich auch nach dem Aufstieg des Christentums weiter existiert. Christliche Theologie mag behaupten, die jüdische Religion sei mit Jesus oder mit seinem Tod zu einem Ende gekommen oder hätte zu Ende kommen sollen. Keiner jedoch, und ganz bestimmt kein Nachkriegsdeutscher mit Gewissen, könnte sich die Auffassung zu eigen machen, das jüdische Volk wäre an sein Ende gekommen oder hätte zu seinem Ende kommen sollen.

Hier also liegt die entscheidende Erklärung für die Änderung von „*Spätjudentum*" zu „*antikes Judentum*". Sie bezeichnet einen Perspektivenwechsel von der jüdischen Religion zu Juden. Dieser hat, wie wir gesehen haben, ganz und gar mit Martin Hengels Wandel von seiner früheren Auffassung, alle antiken Juden seien hauptsächlich durch ihre Religion definiert, zu tun, das heißt, wenn sie schon Juden waren, mussten sie auch religiös sein, und jener Blickwinkel hat *Die Zeloten* hervorgebracht. Der Wechsel zu einem anderen Blickwinkel brachte *Judentum und Hellenismus* hervor und widmete sich Juden, die unterschiedliche Haltungen gegenüber diesen beiden Polen einnahmen.

Hengels *Die Zeloten* bleibt im Bücherregal und auf unseren Schreibtischen als die grundlegende Monographie über die antiken jüdischen Aufständischen gegen Rom. Sie muss aber auch als Ausgangspunkt für ein wissenschaftliches Oeuvre beachtet und gewürdigt werden, das darauf und auf anderes aufgebaut ist, um ein nuancenreicheres Bild der Welt des antiken Judentums zu erfassen.

Zum Schluss möchte ich noch bemerken, dass Hengels Werk in eine hitzige und sehr konkrete gegenwärtige Debatte unter den heutigen Forschern einzubringen wäre, und insbesondere bei den Übersetzern antiker Texte, die sich auf Juden beziehen. Das alte Griechisch hat nur ein Wort für antike Juden, Ἰουδαῖοι. Wie sollen wir das übersetzen? Juden oder Judäer? Juden werden durch ihre Abstammung oder ihre Religion definiert, Judäer durch ihr Land. Es gab eine Zeit, in der übersetzten wir alle Belege von Ἰουδαῖοι mit „Juden"; seit kurzem gibt es eine Mode, Ἰουδαῖοι mit „Judäer" zu übersetzen, als ob alle antiken Ἰουδαῖοι, wie die Makkabäer und Zeloten, durch ihr Verhältnis zum Land Israel bestimmt wären. Ich glaube, dass einer der interessantesten Punkte zur Geschichte der Zeit des Zweiten Tempels die Tatsache ist, dass viele Ἰουδαῖοι Judäer waren, aber viele andere – Juden, und ich glaube, dass Martin Hengel, als er als Forscher von den 50er zu den 60er Jahren reifte, diese Diskrepanz erkannte.

Ich habe eben ein Buch mit dem Titel *Judeans and Jews: Four Faces of Dichotomy in the Second Temple Period* abgeschlossen und hoffe, dass es bald erscheinen wird. Die Widmung des Buches lautet: „In Memory of Martin Hengel (1926–2009): A gentleman, a scholar, and a friend".

Jehi sichro baruch – sein Andenken sei zum Segen.

Stellenregister

1. Altes Testament

2. Apokryphen und Pseudepigraphen

3. Texte vom Toten Meer

4. Neues Testament

4. Philo und Josephus

5. Frühchristliche Literatur

6. Rabbinische Literatur

7. Pagane Literatur

Autorenregister

Namen- und Sachenregister